LEVEL ↑ UP

TOPEL

Jr.

1

북 book&road
앤로드

Level Up TOPEL Jr. 1

초판 발행 2017년 10월 2일
초판 인쇄 2017년 9월 27일

글 쓴 이 (사) 한국역량개발평가원
기   획 (사) 한국역량개발평가원
감   수 (사) 한국역량개발평가원

펴 낸 이 최 영 민
펴 낸 곳 북앤로드
인 쇄 처 미래피앤피

주   소 경기도 파주시 신촌2로 24
전   화 031-8071-0088
팩   스 031-942-8688
이 메 일 pnpbook@naver.com

출판 등록 2015년 3월 27일
등록 번호 제406-2015-31호

I S B N 979-11-872-44-15-8 (63740)

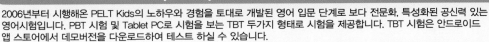

TOPEL Jr.

01 TOPEL Basic(Kids)

2006년부터 시행해온 PELT Kids의 노하우와 경험을 토대로 개발된 영어 입문 단계로 보다 전문화, 특성화된 공신력 있는 영어시험입니다. PBT 시험 및 Tablet PC로 시험을 보는 TBT 두가지 형태로 시험을 제공합니다. TBT 시험은 안드로이드 앱 스토어에서 데모버전을 다운로드하여 테스트 하실 수 있습니다.

급수	영역	문항	총점	시간	합격기준	응시료
1급	듣기	30	200점	35분	120점	25,000원
	읽기	6				
2급	듣기	30	200점	30분	120점	

02 TOPEL Jr.

TOPEL Jr.의 1~3급은 개인,가정,학교,사회생활 등에서 흔히 접할 수 있는 소재나 주제, 사람등 다양한 영역에 관한 재미있는 그림으로 제시되어 영어공부의 흥미를 돋구어 줍니다. 기본적인 영어 실력을 갖추고 있으면 어렵지 않게 합격할 수 있어 영어에 대한 자신감을 키워줍니다.

급수	영역	문항	총점	시간	합격기준	응시료
1급	듣기	33	200점	55분	120점	27,000원
	읽기	22				
	쓰기	5				
2급	듣기	32	200점	50분		
	읽기	18				
	쓰기	5				
3급	듣기	33	200점	45분		
	읽기	12				
	쓰기	5				

03 TOPEL Intermediate

교육부 기준의 중고등학교 교과과정의 어휘에 맞추어 출제되어 내신을 대비할 수 있습니다

급수	영역	문항	총점	시간	합격기준	응시료
1급.2급(3급)	듣기	30(30)	200점(200점)	70분(60분)	120점	29,000원
	어법	10(5)				
	어휘	10(5)				
	독해	15(15)				
	쓰기	5(5)				

04 TOPEL Intermediate Speaking & Writing

원어민 교수님과 1:1 말하기 평가를 실시하는 인터뷰 방식을 채택하고 있습니다. 영어 말하기, 쓰기 능력의 평가를 통해 각종 입시시 원어민과의 면접대비가 가능합니다.

구분	문제유형	내용	시간	총점	합격기준	응시료
Speaking	Step 1	Warm—up Conversation	30초	200점	1~8급	70,000원
	Step 2	Picture Description	2분			
	Step 3	Read & Talk	1분30초			
	Step 4	Impromptu Speech	2분			
Writing		문장완성하기/ 문장쓰기/ e—mail 답장쓰기/ 짧은작문	40분	200점		

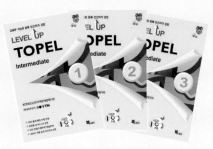

TOPEL 시험종류

TOPEL PBT

TOPEL은 1990년부터 전국단위 시험(구 PELT)을 시행해 온 유아 및 초·중·고등학교 대상의 시험으로서, 학생들 자신의 실력 평가가 가능한 체계화 된 시험입니다. 전국에 시험장을 운영하여 검정을 시행하며, 성적에 따라 전국, 지역별, 동연령별 순위분포 등을 알 수 있어 학습 성취 평가와 목표설정에 효과적입니다.

TOPEL IBT

현재 시행 중인 오프라인 TOPEL 자격 검정의 시간적·공간적 제약으로 인해 응시에 어려움을 겪고 있는 수요자의 고민을 해소하고자 IBT(Internet Based Test) 시스템을 적용해 응시자에게 편의성과 효율성을 제공합니다.

영어강사 자격증

실생활 및 교육과정에서 영어교육의 가치가 높아지면서 요구하는 강사의 수준 또한 함께 상승하고 있습니다. 이에 양질의 영어강사를 배출하고, 학습자로 하여금 보다 체계적인 교육을 제공하기 위해 영아강사 자격 검정을 시행합니다.

CAT-Scratch

Scratch는 주로 8~16세의 어린이·청소년을 대상으로 한 코딩 도구로 사용자에게 논리적이고 창의적인 사고 능력과 체계적 추론 능력을 향상 시키는데 큰 도움이 됩니다. CAT-Scratch 자격 검정을 통해 학습의지를 재고하고, 사고능력 향상에 기여하고자 합니다.

응시자 유의사항

1.원서접수 방법
소정양식의 응시원서를 작성하여 증명사진과 함께 전국지역본부 및 지정 접수처에 신청하거나 www.topel.or.kr 에서 인터넷 접수 하실 수 있습니다.

2. 합격자 발표
전국 지역본부 및 지정 접수처에서 발표하고, www.topel.or.kr 에서 인터넷 발표가 이루어집니다.

CAT-Scratch	영어강사 자격증	TOPEL 성적표	TOPEL 합격증

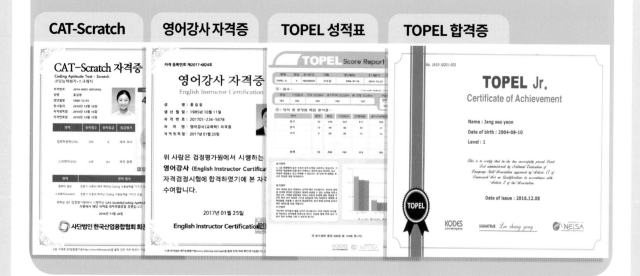

CONTENTS

오디오 CD 3장

1 한눈에 파악되는 유형 분석 PART

샘플 문제의 분석을 통해 출제의도를 파악하고 모든 유형의 문제를 대비할 수 있습니다.

LEVEL UP!
POINT

STUDY POINT

Study Point 코너에서는 최적의 학습 방법과 놓치지 말아야 할 학습 포인트를 확실하게 짚어 드립니다.

TIP

TIP 코너에서는 각 유형 문제마다 숨어있는 문제 해결의 핵심 비법을 알려 드립니다.

SCRIPT

오디오 음성을 듣고 스크립트의 빈칸을 채워 보세요. 듣기 능력이 나도 모르게 향상됩니다.

NEED TO KNOW

Need to Know 코너에서는 각 유형에서 자주 출제되는 단어나 표현들을 총정리하여 알려 드립니다.

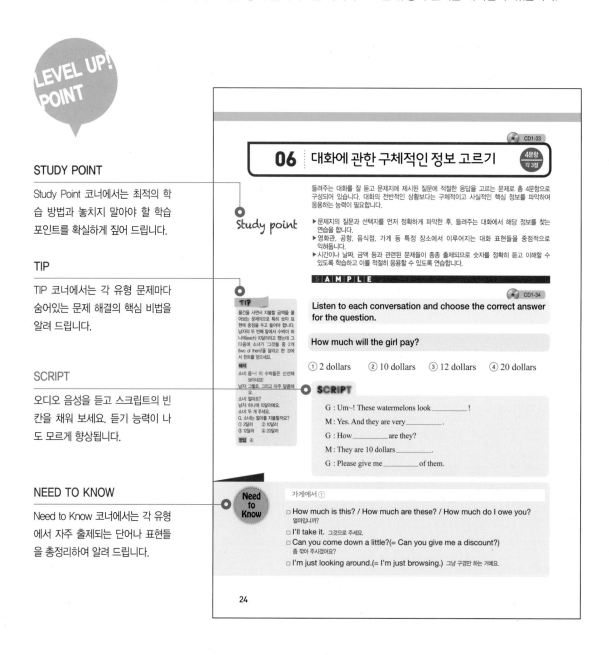

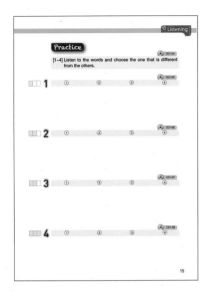

2

풍부한 문제를 제공하는
Practice Part

유형마다 출제되는 문제의 수가 다른 만큼, 많이 출제 되는 유형의 문제는 더 많은 연습문제를 제공하였습니다. 또한 쉬운 문제에서 어려운 문제 순서로, 문항마다 문제의 난이도를 블록 형태로 알아보기 쉽게 표시하였습니다.

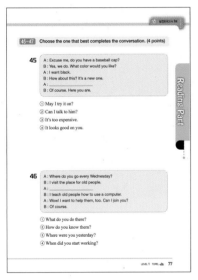

3

적중 확률 높은
실전 모의고사 Part

좋은 점수를 받기 위해 반복된 실전 같은 연습만큼 확실한 준비 방법은 없습니다. 철저한 시험 분석을 통해, 가장 출제 확률 높은 문제들로 총 4회의 실전 모의고사를 구성하였습니다. 모의고사의 모든 문제는 TOPEL 출제진의 검수를 통해 최신 출제 경향을 반영하였습니다.

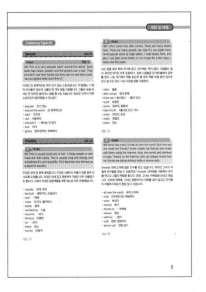

4

숨은 고득점의 비법
정답 및 해설 Part

고득점의 비밀은 오답노트에 있습니다. 내가 자주 하는 실수나 부족한 부분을 중심으로 하는 학습만큼 효과적인 학습 방법은 없습니다. LEVEL UP의 정답및해설은 단순히 답만 제공하는 것이 아니라 자주 출제되는 단어나 표현들을 풍부하게 제공합니다.

주관 및
시행 기관,
협력 단체
소개

KODES(한국역량개발평가원)

국비 지원 해외 취업과 해외 인턴십 사업을 지원하여 전문적 인재 양성에 기여하고 있으며, 미래를 준비하는 학생들을 위한 올바른 교육 컨텐츠 및 평가에 대한 연구 및 개발을 하고 있는 서울교육청 산하 비영리 사단법인입니다. TOPEL의 모든 평가 문제는 한국역량개발평가원의 검수를 통해 한층 완성도를 높이고 있습니다.

NELSA

국가공인 실용영어 검정 시행 및 한국직업능력개발원에 정식 등록된 민간자격 시험인 TOPEL의 전 종목의 시험을 시행합니다. 전국 다수의 지방자치단체와의 협약으로 국내 우수한 어린 인재들의 양성 및 소외 가정의 학생 지원을 위한 사업을 진행하고 있습니다.

tvM

tvM, 다문화 TV는 다양한 해외 문화와 한국문화의 융합 방송이라는 비전을 지향하고 있습니다. 다양한 국내외 관련 정보, 외국어, 현장 소개와 한국과 각 나라들의 문화적 괴리를 최소화 시키고 네트워크를 직접 연결하여 모두가 만족하고, 활용할 수 있는 정보 전달을 지향하고 있습니다. tvM은 TOPEL과 전략적인 협업을 통해 국제화 시대에 살고 있는 국내 젊은 일꾼 및 학생들의 외국어 능력 증진에 기여하고 있습니다.

시험 소개

국가공인 실용영어

1990년도에 개발되어, 2002년도에 국내 최초로 제1호 국가공인을 획득한 검증된 평가시험입니다. 영어의 4 Skill(Reading, Listening, Writing, Speaking) 영역에 대하여 단계적, 체계적으로 평가할 뿐 아니라 Speaking 능력을 평가하는데 있어 국내에서 유일하게 원어민과의 직접대면평가방식(FBT)을 채택하고 있는 종합영어 평가시험입니다.

민간자격 TOPEL

유아 및 초, 중, 고등학생 대상의 시험으로서, 학생들이 국가공인 시험 수준으로 자연스럽게 도달할 수 있도록 자신의 실력에 따라 수준별 평가가 가능한 체계화된 시험입니다. 국내 최고 많은 수의 초・중・고 학생들이 채택, 응시하고 있는 시험으로서 직업능력개발원에 정식으로 등록된 민간자격 영어 시험입니다.

국가공인 실용영어 및 TOPEL 평가 LINE UP

	민간자격 등록			국가공인 민간자격 시험	
단계 :	기초단계	초급단계	중급단계	고급단계	
대상 :	유치부~초등2년	초등3년~초등6년	중・고생	대학생・성인	
종목 :	TOPEL kids (1~2급)	TOPEL Jr. (1~3급)	TOPEL Int. (1~3급)	실용영어1차 RC/LC	실용영어2차 S/W
영역 :	RC/LC	RC/LC/W	RC/LC/W	RC/LC	S/W

원어민 면접관 대면 방식 말하기 시험	
Intermediate Speaking Test	Plus Speaking Test

TOPEL Jr. 소개

TOPEL Jr. 레벨 구성

구분	TOPEL Jr. 1급	TOPEL Jr. 2급	TOPEL Jr. 3급
문항 수	총 60문항	총 55문항	총 50문항
문항 구성	듣기 33문항 읽기 22문항 쓰기 5문항	듣기 32문항 읽기 18문항 쓰기 5문항	듣기 33문항 읽기 12문항 쓰기 5문항
문항 형태	객관식 및 주관식	객관식 및 주관식	객관식 및 주관식
단일 문장	1문장 12단어 내외	1문장 10단어 내외	1문장 7단어 내외
대화 턴 방식	5행 (ABABA)	4행 (ABAB)	3행 (ABA)
지문의 길이	65단어 내외	40단어 내외	30단어 내외
시험 시간	55분	50분	45분
총점	200점	200점	200점
합격 점수	120점	120점	120점

TOPEL Jr. 평가 기준

• TOPEL Jr.는 생활에서 흔히 접할 수 있는 다양한 소제와 주제를 활용하여 단어, 문장, 대화, 글 등을 얼마나 잘 이해하고 표현하는지를 듣기, 읽기, 쓰기 영역을 통해 세분화하여 종합적으로 측정합니다.

• 듣기, 읽기, 쓰기와 같이 총 세 가지 영역으로 구성되어 있습니다. 듣기 시험의 경우 녹음 내용을 두 번 들려줍니다. 4지 선다형의 객관식 및 주관식(절충형)으로 출제 됩니다.

• 전체 취득 점수인 200점의 60%인 120점 이상을 취득한 경우, 합격으로 인정되어 합격증이 발급됩니다.

TOPEL Jr.
1급 유형
구성

TOPEL Jr.의 시험은 듣기, 읽기, 쓰기의 전 영역을 다루는 종합적인 평가 시험입니다. 또한 각기 설정된 난이도 기준에 따라 어린이들이 활동하는 범위를 가정생활, 학교생활, 사회생활로 구분한 뒤, 그 과정에서 체험하게 되는 여러 제반 상황 등을 기본적인 영어로 구성하여 학생들이 이를 듣고, 제시된 그림에서 답을 고르게 하거나, 또는 제시된 글을 읽 요구하는 답을 고르는 형식으로 이루어져 있습니다.

평가영역	TOPEL Jr. 1급 문제 유형	문항 수	배 점	시험 시간
Listening	1. 들려주는 단어를 듣고 성격이 다른 단어를 고르기	2	4	약 30분
	2. 들려주는 문장을 듣고 일치하는 그림 고르기	3	6	
	3. 대화를 듣고 질문에 답하기 (삽화선택지)	4	8	
	4. 대화와 질문을 듣고 답하기 (삽화선택지)	5	20	
	5. 담화를 듣고 그림 고르기	2	6	
	6. 대화를 듣고 질문에 답하기 (문자선택지)	4	12	
	7. 적절한 응답을 골라 대화 완성하기	5	20	
	8. 시각자료에 대한 설명 이해하기	2	6	
	9. 그림 묘사하기	1	4	
	10.자연스런 대화의 흐름 이해하기	3	9	
	11. 비교적 긴 대화를 읽고 질문에 답하기 (1지문 2문항)	2	8	
	Total	33	103	
Reading	1. 성격이 같은 단어 고르기	2	4	약 25분
	2. 어법상 잘못된 문장 고르기	2	4	
	3. 문맥에 알맞은 단어 골라 대화 완성하기	3	9	
	4. 주어진 문장과 유사한 문장 고르기	4	16	
	5. 대화를 읽고 문맥에 알맞은 문장을 골라 대화완성하기	3	12	
	6. 자연스런 대화 꾸미기	2	8	
	7. 시각자료 이해하기 (1지문 2문항)	2	8	
	8. 독해문 이해하기 (1지문 2문항)	4	16	
	Total	22	77	
Writing	1. 그림 보고 주어진 단어 중 알맞은 것을 골라 대화 완성하기	2	8	
	2. 그림 보고 주어진 단어 중 알맞은 것을 골라 문장 완성하기	2	8	
	3. 그림 보고 주어진 단어 중 2개를 골라 대화 완성하기	1	4	
	Total	5	20	
	TOPEL Jr. 1급 Total	60	200	약 55분

성적표

TOPEL Score Report

종목	등급	응시번호	이름	생년월일	응시일자	연령	응시지역
TOPEL Jr.	1	10001	박민수	2001.07.07	2014-10-25	12	서울

←〈 점수 〉

※ Percentile Rank (%): 수치가 낮을수록 좋은 성적을 나타냅니다.

총점	나의점수	전국 최고점수	응시지역 최고점수	동 연령 최고점수	Percentile Rank (%)		
					전국	지역	동 연령
200	190	196	196	196	92.5	92.3	89.8

←〈 영역 및 문항별 득점 분석표 〉

영역	문항	총점	나의점수	전국평균	응시지역평균	동 연령평균
듣기	33	103	110	88	89	86
읽기	22	77	65	50	53	49
쓰기	5	20	15	11	11	11
총계	60	200	190	149	153	147

듣기 영역
영어 대화를 듣고, 대화의 내용을 이해하고 이를 바탕으로 추론하는 능력이 우수합니다. 다양한 영어 표현의 습득과 사용을 생활화하여, 영어 청취 능력을 한층 더 향상시키길 권합니다.

읽기 영역
영어 지문을 읽고 이해할 수 있습니다. 영어 지문의 전반적인 흐름을 파악하는 독해 능력이나 특정 상황에 쓰이는 영어 표현을 읽어내는 능력을 향상시키기 위해, 영어 대화문 독해 연습을 꾸준히 할 것을 권합니다.

쓰기 영역
단어의 스펠링이 미숙하며, 문장구조를 정확히 구사하는 데 어려움이 있습니다. 스펠링까지 정확히 습득하여 문장구조에 맞게 사용하는 연습을 권장합니다

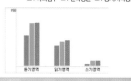
■ : 나의점수 ■ : 전국평균 ■ : 응시지역평균

위 응시생은 총점 200 점 중 190점 입니다.

NELSA
National Evaluation of Language skill Association
Lee chang yong
President of UELSA

자격증

TOPEL Jr.
Certificate of Achievement

Name : HONG, GIL DONG
Date of birth : 1988.03.18
Date of issue : 2015.05.12

This is to certify that he/she has successfully passed Level 1 Test administered by National Evaluation of Language Skill Association approved by Article 17 of Framework Act on Qualifications in accordance with Article 2 of the Association.

SIGNATRUE Lee chang yong

NELSA
National Evaluation of Language Skill Association

TOPEL Jr.에 관한 Q & A

Q 어떤 급수를 응시하면 좋을까요?

A TOPEL Jr.는 초등학생이 가장 많이 응시하는 시험입니다.
초등 2~4학년은 TOPEL Jr. 3급, 초등 4~5학년은 TOPEL Jr. 2급, 초등 5~6학년은 TOPEL Jr. 1급을 대체적으로 많이 응시하고 있습니다. 그렇지만 TOPEL의 모든 시험은 능숙도 시험으로서 자신의 영어 실력에 맞는 단계를 선택하는 것이 영어에 대한 자신감과 학습동기를 올릴 수 있는 바람직한 선택입니다.

Q 시험 신청은 어떻게 하나요?

A 시험 신청은 인터넷 신청과 방문 신청 두 가지 방법으로 하실 수 있습니다. 인터넷 신청은 TOPEL 홈페이지(www.topel.or.kr)에서 가능합니다. 방문 접수의 경우 시험장 기준 해당 지역본부로 방문하여 신청 하시면 됩니다. 인터넷 신청은 접수 기간에만 가능하며, TOPEL 지역 본부의 주소와 연락처는 홈페이지 (www.topel.or.kr)에서 확인할 수 있습니다.

Q 시험 준비물은 무엇이 있나요?

A 시험 신청 후 시험장에 갈 때 필요한 준비물은 신분증과 응시표, 그리고 필기구입니다. 초등학생이 TOPEL Jr. 시험 볼 경우 신분증 없이 사진이 부착된 응시표만 준비하면 되지만 국가공인 실용영어 1차, 2차와 같은 경우는 반드시 신분증이 필요합니다. 필기구는 컴퓨터용 연필과 지우개를 준비하시면 됩니다.

Q 합격 확인은 어떻게 하나요?

A 시험 합격 확인은 TOPEL 홈페이지(www.topel.or.kr)에서 조회 가능합니다. 사전 공지된 시험 발표일 오전 9시 30분 이후에 확인 가능합니다. 또한 시험을 신청하신 해당 지역 본부로 연락하시면 합격 여부와 각종 정보를 얻으실 수 있습니다.

Q 자격증은 어디에 활용할 수 있나요?

A 국제중학교, 특목고, 외고 등 중·고등학교 및 대학 입시 때 적용되는 입학사정에 필요한 개인포트폴리오를 작성하여 중요한 참고 자료로 활용할 수 있습니다.

Level Up

유형 분석 & 연습문제

Listening

Reading

Writing

01 : 성격이 다른 단어 고르기

2문항 / 각 2점

들려주는 단어를 잘 듣고 그 중 의미나 기능, 성격이나 종류가 다른 단어를 고르는 문제로 총 2문항으로 구성되어 있습니다. 각 단어가 갖고 있는 정확한 의미를 파악하는 능력이 필요합니다.

Study point

▶ 그림 없이 단어를 듣고 골라야 하므로 특히 집중해서 잘 들어야 합니다.
▶ 사람 신체의 부분, 색깔, 과일, 동물, 숫자 등 다양한 주제별로 많이 쓰이는 단어를 중점적으로 익혀둡니다.

S A M P L E

TIP

들려주는 네 단어를 잘 생각해 보면 이 중 셋은 사람의 얼굴에 있는 기관을 나타내는 단어들이고 나머지 하나는 그렇지 않다는 것을 알 수 있습니다.

해석
① 이
② 모자
③ 코
④ 입

정답 ②

Listen to the words and choose the one that is different from the others.

①   ②   ③   ④

SCRIPT

① A tooth   ② A hat

③ A nose   ④ A mouth

Need to Know

신체의 부분

□ neck 목	□ wrist 손목
□ arm 팔	□ elbow 팔꿈치
□ foot 발	□ shoulder 어깨
□ chin 턱	□ knee 무릎
□ forehead 이마	□ cheek 볼
□ face 얼굴	□ ankle 발목
□ leg 다리	□ chest 가슴
□ back 등	

Practice

CD1-04

[1~4] Listen to the words and choose the one that is different from the others.

CD1-05

1 ① ② ③ ④

CD1-06

2 ① ② ③ ④

CD1-07

3 ① ② ③ ④

CD1-08

4 ① ② ③ ④

15

02 문장의 의미를 나타내는 그림 고르기
3문항
각 2점

들려주는 문장을 듣고 그 의미를 가장 잘 나타낸 그림을 고르는 문제로 총 3문항으로 구성되어 있습니다. 문장을 주의 깊게 듣고 핵심이 되는 단어나 어구를 빨리 파악하는 능력이 필요합니다.

Study point

▶ 평서문, 의문문, 부정문 등 기본적인 문장 구조에 대해 확실하게 익혀둡니다.
▶ 위치를 나타내는 전치사의 의미를 정확히 익혀둡니다.
▶ 특히 일상에서 많이 쓰이는 동사를 중심으로 기본 어휘들을 숙달합니다.

SAMPLE

CD1-10

Listen to each sentence and choose the one that best shows the meaning.

① ② ③ ④

SCRIPT

A man is _____ a newspaper.

Need to Know

집에서 할 수 있는 일

□ watch TV   TV를 보다
□ clean the room   방 청소를 하다
□ have breakfast   아침식사를 하다
□ wash the dishes   설거지를 하다
□ feed the dog   개에게 밥을 주다
□ get up   일어나다
□ brush one's teeth   양치질을 하다

□ sit on the sofa   소파에 앉다
□ talk on the phone   전화 통화를 하다
□ make coffee   커피를 타다
□ take a nap   낮잠을 자다
□ make a bed   잠자리를 펴다
□ wash one's face   세수를 하다
□ go to bed   잠자리에 들다

Practice

CD1-11

[1~3] Listen to each sentence and choose the one that best shows the meaning.

CD1-12

1 ① ② ③ ④

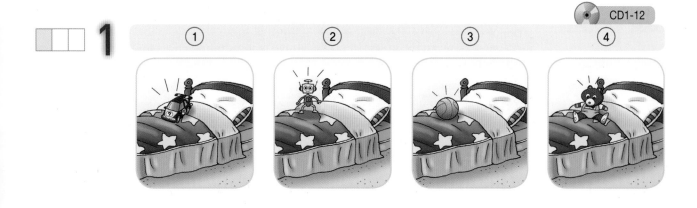

CD1-13

2 ① ② ③ ④

CD1-14

3 ① ② ③ ④

03 : 대화에 관한 질문에 적절한 그림 고르기 | 4문항 / 각 2점

두 사람의 대화를 듣고, 문제지에 제시된 질문에 대한 응답으로 적절한 그림을 고르는 문제로 총 4문항이 출제됩니다. 대화의 상황이나 구체적인 정보를 정확하게 파악하는 능력을 측정합니다.

Study point

▶ 대화를 나누는 장소나 상황, 대화자별로 다양한 대화문을 많이 듣고 읽어 봅니다.
▶ 대화에 나오는 숫자나 장소, 핵심 어구에 집중하여 듣습니다.
▶ 대화를 듣기 전 질문과 문제지에 제시된 그림을 먼저 파악하여 그에 해당하는 내용 중심으로 듣습니다.

S A M P L E

CD1-16

TIP

먼저 문제지에 제시된 질문이 장래 희망을 묻고 있으므로 그 부분에 초점을 맞춰 집중하여 듣도록 합니다. 의사(doctor)라는 직업이 등장하지만 끝까지 정확하게 듣는 자세가 필요합니다.

해석

소녀: 너 자라서 뭐가 되고 싶어?
소년: 나는 의사가 되고 싶어. 너는 어때?
소녀: 내 꿈도 의사가 되는 거야. 하지만 그냥 의사가 아니고 동물 의사!
소년: 오, 난 네가 동물 좋아하는 거 몰랐어.
소녀: 정말 좋아해. 나는 동물을 사랑한다니까!

정답 ②

Listen to each conversation and choose the correct answer for the question.

What does the girl want to be in the future?

① ② ③ ④

SCRIPT

G : What do you want to be _____ you grow up?

B : I want to be a _____. How about you?

G : My dream is to become a doctor, too. But not just a doctor, an _____ doctor!

B : Oh, I didn't _____ you like animals.

G : Sure, I do. I _____ animals!

Need to Know

다양한 직업

☐ professor 교수   ☐ firefighter 소방관   ☐ vet 수의사
☐ judge 판사   ☐ movie director 영화감독   ☐ police officer 경찰관
☐ hairdresser 미용사   ☐ tour guide 여행가이드   ☐ flight attendant 비행기 승무원

Practice

[1~3] Listen to each conversation and choose the correct answer for the question.

1 What is the boy doing now?

2 What best shows the situation of the conversation?

3 What will the girl NOT do at her mom's birthday party?

04 대화와 이어지는 질문을 듣고 적절한 그림 고르기

5문항
각 4점

들려주는 대화와 이어지는 질문을 잘 듣고 질문에 대한 응답으로 적절한 그림을 고르는 문제로 총 5문항으로 구성되어 있습니다. 대화의 상황이나 구체적인 정보 등을 정확하게 파악하는 능력이 필요합니다.

Study point

▶ 특정 장소나 특별한 상황에 나올 수 있는 다양한 대화문을 많이 듣고 읽어 봅니다.
▶ 대화의 주제가 무엇인지 먼저 파악하고, 그 주제에 대해 각각 두 사람이 어떤 생각을 가지고 있는지 집중하여 듣도록 합니다.
▶ 질문을 대화 후에 듣게 되므로 그림을 간단히 비교하면서 질문을 예상할 수 있도록 연습합니다.

S|A|M|P|L|E

 CD1-22

TIP

새로 전학 온 학생 Ashley에 대한 대화 내용입니다. 그녀의 외모가 문제 해결의 핵심이네요. 머리카락, 키, 안경 착용 여부 등을 잘 듣고 일부만 일치하는 것이 아니라 모두 일치하는 그림을 찾아보세요.

해석

소녀: 너 Ashley 아니? 우리반에 새로 들어온 학생인데.
소년: 잘 모르겠는데. 어떻게 생겼는데?
소녀: 머리는 짧고 안경을 썼어.
소년: 키가 크니?
소녀: 응. 아주 키가 커.
Q. Ashley는 외모가 어떤가요?

정답 ②

Listen to each conversation and the following question. Then choose the correct answer.

①    ②    ③    ④

SCRIPT

G : Do you know Ashley? She is a new student in my _____.
B : I'm not _____. What does she _____ like?
G : She has short hair and wears_____.
B : Is she_____?
G : Yes. She is very tall.
Q. *What does Ashley look like?*

Need to Know

wear와 같이 쓸 수 있는 말들

□ pants 바지   □ sneakers 운동화   □ shorts 반바지   □ swimsuit 수영복
□ jacket 재킷   □ raincoat 비옷   □ earring 귀고리   □ jeans 청바지
□ gloves 장갑   □ scarf 목도리   □ socks 양말   □ sunglasses
□ watch 손목시계   □ suit 정장   □ bracelet 팔찌   선글라스

Listening

Practice

CD1-23

[1~3] Listen to each conversation and the following question. Then choose the correct answer.

CD1-24

1   ① ② ③ ④

CD1-25

2   ① ② ③ ④

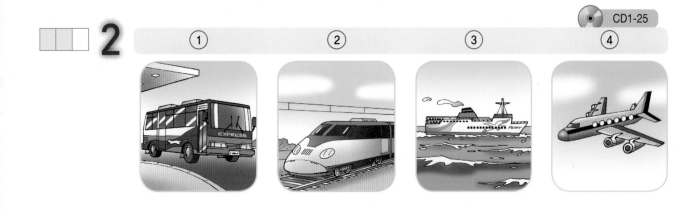

CD1-26

3   ① ② ③ ④

05 | 담화를 듣고 그림 고르기

2문항 / 각 3점

들려주는 담화를 잘 듣고, 그 내용을 가장 잘 나타낸 그림을 고르는 문제로 총 2문항으로 구성되어 있습니다. 담화의 핵심 내용과 언급된 다양한 표현들을 잘 이해하는 능력이 필요합니다.

Study point

▶ 들려주는 담화의 내용이 중점적으로 전달하고자 하는 상황을 주의 깊게 듣습니다.
▶ 특정 사물이나 장소의 형태나 쓰임, 동물의 습성, 인물의 외형 묘사나 인상착의를 설명하는 문제가 종종 출제되므로 이와 관련해서 자주 쓰이는 주요 표현들을 익혀둡니다.
▶ 그림 선택지를 먼저 살펴보고, 어떤 내용이 나올지 미리 추측하며 듣습니다.

S A M P L E

CD1-28

Listen and choose the one that best shows what you hear.

TIP

먼저 그림 선택지를 보면 각기 다른 운동 기구와 시설이 제시되어 있으므로 이 중 하나의 운동을 설명하고 있을 것으로 추측할 수 있습니다.
약간의 상식을 동원해 11명의 선수(eleven players), kick a ball(공을 차다) 등에서 단서를 찾을 수 있습니다.

해석

이것은 전 세계적으로 아주 인기 있는 스포츠입니다. 각 팀에는 11명의 선수들이 있는데 그들은 한 개의 공을 사용합니다. 그들은 손을 써서는 안 되지만 달리거나 공을 찰 수는 있습니다. 당신은 이것이 어떤 스포츠인지 알아맞힐 수 있나요?

정답 ④

SCRIPT

(M) This is a very _____ sport around the world. _____ team has eleven players and the players _____ a ball. They _____ use their hands, but they can run and _____ a ball. Can you guess what sport this is?

Need to Know

세계의 지역

□ Asia 아시아	□ the Arctic 북극	□ the Arctic Ocean 북극해
□ Africa 아프리카	□ the Antarctic 남극	□ the Antarctic Ocean 남극해
□ Europe 유럽	□ Mideast 중동	□ the Mediterranean 지중해
□ North America 북미	□ the Pacific Ocean 태평양	□ the East Sea 동해
□ South America 남미	□ the Atlantic Ocean 대서양	□ the Yellow Sea 황해(서해)
□ Oceania 오세아니아	□ the Indian Ocean 인도양	□ the Black Sea 흑해

Practice

CD1-29

[1~3] Listen and choose the one that best shows what you hear.

CD1-30

1 ① ② ③ ④

CD1-31

2 ① ② ③ ④

CD1-32

3 ① ② ③ ④

06 : 대화에 관한 구체적인 정보 고르기

4문항
각 3점

들려주는 대화를 잘 듣고 문제지에 제시된 질문에 적절한 응답을 고르는 문제로 총 4문항으로 구성되어 있습니다. 대화의 전반적인 상황보다는 구체적이고 사실적인 핵심 정보를 파악하여 응용하는 능력이 필요합니다.

Study point

▶ 문제지의 질문과 선택지를 먼저 정확하게 파악한 후, 들려주는 대화에서 해당 정보를 찾는 연습을 합니다.

▶ 영화관, 공항, 음식점, 가게 등 특정 장소에서 이루어지는 대화 표현들을 중점적으로 익혀둡니다.

▶ 시간이나 날짜, 금액 등과 관련된 문제들이 종종 출제되므로 숫자를 정확히 듣고 이해할 수 있도록 학습하고 이를 적절히 응용할 수 있도록 연습합니다.

S A M P L E

Listen to each conversation and choose the correct answer for the question.

How much will the girl pay?

① 2 dollars   ② 10 dollars   ③ 12 dollars   ④ 20 dollars

SCRIPT

G : Um~! These watermelons look _____!

M : Yes. And they are very _____ .

G : How _____ are they?

M : They are 10 dollars _____ .

G : Please give me _____ of them.

TIP

물건을 사면서 지불할 금액을 물어보는 문제이므로 특히 숫자 표현에 중점을 두고 들어야 합니다. 남자의 두 번째 말에서 수박이 하나에(each) 10달러라고 했는데 그 다음에 소녀가 '그것들 중 2개 (two of them)'을 달라고 한 것에서 힌트를 얻으세요.

해석
소녀 : 음~! 이 수박들은 신선해 보이네요!
남자 : 그렇죠. 그리고 아주 달콤해요.
소녀 : 얼마죠?
남자 : 하나에 10달러예요.
소녀 : 두 개 주세요.
Q. 소녀는 얼마를 지불할까요?
① 2달러   ② 10달러
③ 12달러   ④ 20달러

정답 ④

Need to Know

가게에서 ①

☐ How much is this? / How much are these? / How much do I owe you?
얼마입니까?

☐ I'll take it. 그것으로 주세요.

☐ Can you come down a little?(= Can you give me a discount?)
좀 깎아 주시겠어요?

☐ I'm just looking around.(= I'm just browsing.) 그냥 구경만 하는 거예요.

Practice

CD1-35

[1~4] Listen to each conversation and choose the correct answer for the question.

CD1-36

1 Who are the man and the woman?

① Doctor - Nurse ② Husband - Wife

③ Teacher - Student ④ Waiter - Customer

CD1-37

2 What does the girl NOT like about school?

① The teachers ② The classmates

③ The school library ④ The school building

CD1-38

3 What is the boy going to do next?

① Move a box ② Clean his room

③ Have Chinese food ④ Go to Chinese class

CD1-39

4 What time will the girl meet the boy?

① At 1 pm ② At 2 pm

③ At 3 pm ④ At 4 pm

CD1-40

07 : 적절한 응답을 골라 대화 완성하기

5문항
각 4점

들려주는 대화를 잘 듣고 마지막 사람의 말에 가장 적절한 응답을 고르는 문제로 총 5문항으로 구성되어 있습니다. 대화의 전체적인 흐름을 파악하고 들려주는 질문이나 표현에 자연스러운 응답을 고르는 능력이 필요합니다.

Study point

▶ 생활에서 자주 쓰이는 다양한 회화 표현을 익혀둡니다.
▶ 의문사를 이용한 질문을 익혀두고, 그에 적절하게 응답할 수 있도록 연습합니다.
▶ 관용적인 표현을 두루 익히고 연습하도록 합니다.

S A M P L E

CD1-41

Listen to each conversation and choose the best response to the last person's comment.

① At 11:00.　　　② For free.

③ By subway.　　④ At the bus stop.

TIP

마지막 사람의 말에 대한 응답을 고르는 문제이므로 의문사 등 문장의 첫 부분에 사용한 표현에 특히 주의해서 들으세요. Where(어디에서)로 시작하는 질문이 마지막 말이므로 장소로 응답하는 것이 자연스럽습니다.

해석

소녀: 여보세요, Mike? 나 Megan 이야.
소년: 안녕, Megan. 무슨 일 이니?
소녀: 나 공원에 가려고 해. 너도 같이 갈래?
소년: 그럴게. 어디에서 만날까?
소녀: 버스 정류장에서 (보자).
① 11시에 (보자).
② 무료야.
③ 지하철로 (가자).
④ 버스 정류장에서 (보자).

정답 ④

SCRIPT

G : Hello, Mike? This is Megan.

M : Hi, Megan. What's _____ ?

G : I'm going to the park. Do you _____ _____ come along?

M : Sure. Where _____ we meet?

G : _____

Need to Know

전화 대화

☐ Can I speak to ~? / Is ~ there?　~좀 바꿔 주시겠어요?; ~와 통화할 수 있을까요?
☐ Who's calling? / Who am I speaking to?　누구세요?
☐ This is ~ speaking. / Speaking.　전데요.
☐ Can I take your message? / Will you leave a message?　말씀 전해 드릴까요?
☐ May I leave a message?　말씀 좀 전해 주시겠어요?
☐ Hold the line. / Hold on a minute.　잠깐만 기다리세요.
☐ He is not here at the moment.　그는 지금 없습니다.
☐ There's a phone call for you.　당신을 찾는 전화가 왔어요.
☐ The line is busy.　통화중입니다.

26

Practice

CD1-42

[1~4] Listen to each conversation and choose the best response to the last person's comment.

1

CD1-43

① No, I'm not.

② Yes, it does.

③ The bus is faster.

④ About half an hour.

2

CD1-44

① Congratulations!

② Sorry to hear that.

③ I am a fast runner.

④ You look happy, too.

3

CD1-45

① In England.

② With my friend.

③ For three hours.

④ By listening to the radio.

4

CD1-46

① Give it back to me.

② No, but I think I'll try.

③ Don't call me 'prince.'

④ Yes, I also went there.

08 | 시각 자료에 관한 설명 이해하기

연속해서 들려주는 네 개 문장 중 문제지에 제시된 시각 자료와 일치하거나 일치하지 않는 것을 고르는 문제로 총 2문항으로 구성되어 있습니다. 도표나 초대장 등 다양한 종류의 시각 자료를 이해하고 그 설명이 올바른지 아닌지를 식별하는 능력이 필요합니다.

Study point

▶ 숫자와 관련된 내용이 자주 출제되므로 수의 표현을 잘 익혀둡니다.
▶ 도표나 수치 등을 통해 비교해서 묻는 문제들도 출제되므로 비교급, 최상급의 표현을 익혀둡니다.
▶ 시각 자료에 제시된 정보를 정확하게 파악하여 완전한 문장으로 표현하는 연습을 합니다.

S A M P L E

CD1-48

Look at the following chart or picture. Then choose the correct answer for each question.
Listen and choose the one that matches the information.

TIP

문제지에 제시된 그림의 제목에 '품목별 가격'이라고 되어 있고 각 품목에 대해 가격이 표시되어 있으므로 가격을 잘 기억하면서 듣는 것이 필요합니다. 비교할 때는 보통 문장의 첫머리와 마지막 부분에 비교되는 두 대상이 등장합니다. 이 부분에 초점을 맞추고 원급, 비교급, 최상급의 구문을 떠올리며 그림과 일치하는 설명을 골라 보세요.

해석
① 모자는 가장 덜 비싼 품목이다.
② 벨트는 모자와 가격이 같다.
③ 넥타이는 벨트보다 덜 비싸다.
④ 가방은 다른 어떤 품목보다도 더 비싸다.

정답 ④

Item Price	
$50	$25
$20	$15

① ② ③ ④

SCRIPT

① The cap is the _____ expensive item.

② The belt is as _____ as the cap.

③ The tie is _____ expensive than the belt.

④ The bag is more expensive than _____ other item.

Need to Know

원급 - 비교급 - 최상급 (불규칙 변화)

□ many[much] - more - most 많은 – 더 많은 – 가장 많은
□ good - better - best 좋은 – 더 좋은 – 가장 좋은
  well - better - best 잘 – 더 잘 – 가장 잘

Practice

CD1-49

[1~2] Listen and choose the one that does NOT match the information.

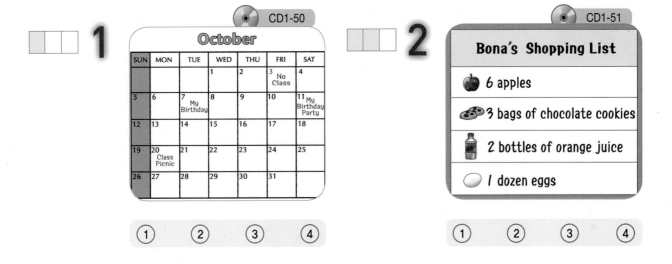

1

CD1-50

October

SUN	MON	TUE	WED	THU	FRI	SAT
			1	2	3 No Class	4
5	6	7 My Birthday	8	9	10	11 My Birthday Party
12	13	14	15	16	17	18
19	20 Class Picnic	21	22	23	24	25
26	27	28	29	30	31	

① ② ③ ④

2

CD1-51

Bona's Shopping List

- 🍎 6 apples
- 🍪 3 bags of chocolate cookies
- 🍾 2 bottles of orange juice
- 🥚 1 dozen eggs

① ② ③ ④

CD1-52

[3~4] Listen and choose the one that matches the information.

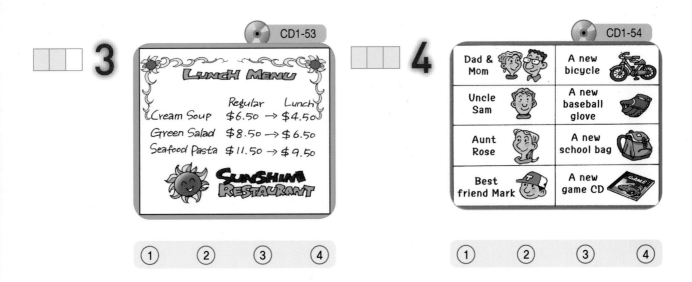

3

CD1-53

LUNCH MENU

	Regular	Lunch
Cream Soup	$6.50	→ $4.50
Green Salad	$8.50	→ $6.50
Seafood Pasta	$11.50	→ $9.50

SUNSHINE RESTAURANT

① ② ③ ④

4

CD1-54

Dad & Mom		A new bicycle	
Uncle Sam		A new baseball glove	
Aunt Rose		A new school bag	
Best friend Mark		A new game CD	

① ② ③ ④

□ bad - worse - worst 나쁜 – 더 나쁜 – 가장 나쁜
  badly - worse - worst 심하게 – 더 심하게 – 가장 심하게
□ little - less - least 적은 – 더 적은 – 가장 적은

29

09 두 개의 그림을 비교 혹은 대조하기

1문항
각 4점

연속해서 들려주는 네 개의 문장 중에서 문제지에 제시된 두 개의 그림과 일치하거나 일치하지 않는 것을 고르는 문제로 총 1문항으로 구성되어 있습니다. 그림 속 인물의 인상착의나 동작을 올바르게 표현하는지 아닌지를 식별하는 능력이 필요합니다.

Study point

▶ 그림의 배경이 되는 장소나 상황을 묘사하는 표현을 익혀둡니다.
▶ 그림 속 인물의 인상착의나 동작을 나타내는 표현을 익혀둡니다.
▶ 그림 속에 등장하는 사물의 위치나 상태를 묘사하는 표현을 익혀둡니다.

S A M P L E

CD1-56

TIP

그림을 보고 소년들과 소녀들의 모습이나 행동에서 공통점과 차이점을 기억하면서 들려주는 내용을 잘 들어 보세요. 소년들은 테니스 코트에서 테니스를 치고 있고 소녀들은 벤치에 앉아서 책을 읽고 있습니다. 그리고 그들은 각각 uniform인 운동복과 교복을 입고 있음에 유의하세요.

해석
① 소년들은 테니스 코트에서 테니스를 치고 있다.
② 소녀들은 공원 벤치에서 책을 읽고 있다.
③ 소년들과 소녀들은 의자에 앉아 있다.
④ 소년들과 소녀들은 유니폼을 입고 있다.

정답 ③

Listen and choose the one that does NOT match the two pictures.

①   ②   ③   ④

SCRIPT

① The boys are _____ tennis on the tennis court.

② The girls are _____ books on the park bench.

③ The boys and the girls are _____ on their chairs.

④ The boys and the girls are _____ uniforms.

Need to Know

전치사 on의 사용

☐ **접촉면**: on the desk 책상 위에   on the wall 벽에   on the ceiling 천장에
☐ **날짜, 요일**: on Monday 토요일에   on May 5th 5월 5일에
       on my birthday 내 생일에
☐ **방향**: on your right 당신의 오른편에   on the left 왼쪽에
☐ **목적**: on vacation 휴가로   on business 사업차
☐ **소속**: on the menu 메뉴에 있는   on the team 그 팀에 소속된

Practice

[1~3] Listen and choose the one that does NOT match the two pictures.

 1

 2

3

10 ┊ 대화의 자연스러운 흐름 이해하기

3문항
각 3점

연속해서 들려주는 네 개의 짧은 대화를 듣고, 그 흐름이 자연스럽지 못한 것을 고르는 문제로 총 3문항으로 구성되어 있습니다. 대화의 상황이나 분위기 등을 파악하는 것뿐만 아니라 질문과 응답이 적절한지를 식별하는 능력이 필요합니다.

Study point

▶ 의문사를 이용한 질문이나 Yes/No로 답하는 질문의 적절한 응답을 연습합니다.
▶ 감사나 사과 표현에 대한 적절한 응답을 포함해 대화의 흐름에 맞지 않는 어색한 표현을 금방 구분할 수 있도록 대화문을 많이 듣고 읽어 보는 연습을 합니다.

S|A|M|P|L|E

TIP

상대방의 표현에 대해 적절하지 않은 응답을 해서 대화가 어색하게 되거나 자연스럽게 마무리 되지 않는 것을 골라야 합니다. 도와준 것에 대해 감사를 표하는데 도와 주지 못해 미안하다고 한다면 적절한 대답으로 볼 수 없습니다.

해석
① 남자: 나 가야 해.
　 여자: 벌써? 좀 더 머물지 그래?
　 남자: 하지만 난 정말 가야 해.
② 남자: 도와주셔서 감사합니다.
　 여자: 당신을 도와드릴 수 없어 죄송합니다.
　 남자: 괜찮아요.
③ 남자: 너는 여가 시간에 무엇을 하니?
　 여자: 나는 인터넷 검색을 해. 너는?
　 남자: 나는 음악을 들어.
④ 남자: 어떻게 되어 가니?
　 여자: 모든 게 괜찮아.
　 남자: 그 말을 들으니 기분이 좋다.

정답 ②

Listen to each of the four short conversations and choose the one that does NOT sound natural.

① 　 ② 　 ③ 　 ④

SCRIPT

① M : I have to go.
　 W : Already? Why _____ you stay longer?
　 M : But I really _____ go.
② M : Thank you for _____ me.
　 W : I'm sorry I can't help you.
　 M : That's okay.
③ M : What do you do in your _____ time?
　 W : I surf the Internet. And you?
　 M : I listen to music.
④ M : How's it _____ ?
　 W : Everything's _____ .
　 M : I'm happy to hear that.

Need to Know

사과와 감사 표현 & 응답 표현

☐ 사과 표현과 응답 표현
I'm sorry. / Pardon me. / I beg your pardon. / Forgive me. / It was all my fault.
→ That's OK. / That's all right. / No problem. /Don't worry. / These things happen.

Practice

CD1-63

[1~4] Listen to each of the four short conversations and choose the one that does NOT sound natural.

CD1-64

1 ①   ②   ③   ④

CD1-65

2 ①   ②   ③   ④

CD1-66

3 ①   ②   ③   ④

CD1-67

4 ①   ②   ③   ④

□ 감사 표현과 응답 표현

Thank you (so much). / Thanks a lot. / Thanks a million. / I really appreciate this. / I don't know how I can thank you.

→ You're welcome. / That's OK. / No problem. / Don't mention it. / My pleasure. / It was nothing.

11 : 긴 대화를 듣고, 질문에 적절한 답하기 2문항 각 4점

문제지에 제시된 대화를 읽고 주어진 두 개의 질문에 모두 답하는 문제로 총 2문항으로 구성되어 있습니다. 전반적인 대화의 주제나 세부적인 내용의 사실 여부를 파악하고 지문에 주어진 내용을 통해 추론하는 능력이 필요합니다.

Study point
▶ 다양한 주제의 듣기 자료를 통해 들으면서 바로 이해할 수 있도록 숙달합니다.
▶ 질문과 답지를 미리 볼 수 있으므로 미리 이 부분을 읽고 질문의 방향에 초점을 맞추어 들으면 더 효과적인 듣기를 할 수 있습니다.

S|A|M|P|L|E

TIP

아들을 주려고 산 신발이 커서 작은 것으로 교환하는 내용으로 신발 가게에서 이루어지는 대화입니다.

해석
남자: 어서 오세요. 무엇을 도와드릴까요?
여자: 예, 나는 이 신발을 반납하고 싶어서요.
남자: 신발에 무슨 문제가 있나요?
여자: 난 이 신발을 내 아들을 주려고 샀는데 아들한테 너무 크네요.
남자: 아, 그랬군요. 더 작은 것으로 교환하기를 원하시나요?
여자: 그거 좋겠네요.
남자: 6 사이즈군요. 5 사이즈로 드릴게요. 괜찮죠?
여자: 예, 고마워요.
1. 남자는 누구인가요?
   ① 모델   ② 웨이터
   ③ 고객   ④ 판매사원
2. 여자에 대해서 사실인 것은?
   ① 그녀는 아들이 하나 있다.
   ② 그녀는 큰 신발을 좋아한다.
   ③ 그녀는 가게에서 일한다.
   ④ 그녀는 돈을 돌려받기를 원한다.

정답 1④ 2①

Listen to the conversation and choose the correct answer for each question.

1. Who is the man?

① A model
② A waiter
③ A customer
④ A sales person

2. What is true about the woman?

① She has a son.
② She likes big shoes.
③ She works in the store.
④ She wants her money back.

SCRIPT

M : Good afternoon. May I help you?
W : Yes, I'd like to _____ these shoes.
M : What's the problem _____ them?
W : I _____ them for my son, but they are too big for him.
M : Oh, do you want to _____ them for a _____ size?
W : That _____ be great.
M : The shoes are size 6. Let me give you the size 5. Will that _____ okay?
W : I think so. Thanks.

Practice

CD1-70

[1~2] Listen to the conversation and choose the correct answer for each question.

 CD1-71

1 Why will the boy and the girl have a party for Whitney?

① She likes parties.

② It will be her birthday soon.

③ She won a prize at a contest.

④ She will graduate from school.

2 What did the boy and the girl decide to do for the party?

① Buy flowers
② Make a cake
③ Use balloons
④ Color the wall

[3~4] Listen to the conversation and choose the correct answer for each question.

 CD1-72

3 What are the boy and the girl talking about?

① The girl's pet
② The girl's farm
③ The girl's vacation
④ The girl's favorite animal

4 Which animals are NOT mentioned?

① Cows
② Sheep
③ Koalas
④ Kangaroos

01 | 성격이 같은 단어 고르기

주어진 세 개의 단어들과 성격이 같아서 그 단어들과 같은 종류로 분류될 수 있는 단어를 구분할 수 있는지 묻는 문제로 총 2문항으로 구성되어 있습니다. 여러 가지 다양한 주제별로 많은 단어들의 의미를 익혀둘 필요가 있습니다.

Study point

▶ 동물, 꽃, 숫자, 색, 운동, 놀이, 나라 이름 등 다양한 주제별로 단어를 익힙니다.

▶ 주제별로 가능한 한 여러 단어를 익혀둡니다.

▶ 단어를 공부할 때 그 의미를 명확히 구분하면서 정확하게 익힙니다.

S A M P L E

TIP

주어진 단어가 갖고 있는 공통점을 찾아보세요.
더운(hot), 따뜻한 (warm), 서늘한 (cool) ... 이들은 모두 날씨를 나타내거나 따뜻한 정도를 표현할 수 있는 단어들입니다. 이들과 공통점이 있어 같은 종류에 포함시킬 수 있는 단어를 찾으면 됩니다.

해석
① 날; 낮
② 공기
③ 바람
④ 차가운, 추운

정답 ④

Choose the most similar one to the words in the box.

Hot	Warm	Cool

① Day   ② Air   ③ Wind   ④ Cold

Need to Know

날씨와 관련된 어휘

- sun → sunny 해가 난, 화창한
- rain → rainy 비가 내리는
- snow → snowy 눈이 내리는
- cloud → cloudy 구름이 낀
- wind → windy 바람이 부는
- fog → foggy 안개가 낀
- humid 습기가 많은
- lightning 번개

- below zero 영하의
- above zero 영상의
- Celsius 섭씨
- Fahrenheit 화씨
- typhoon 태풍
- tornado 토네이도
- snowstorm 눈보라
- thunderstorm 뇌우

Practice

[1~4] Choose the most similar one to the words in the box.

1

Violin	Cello	Piano

① Music　　　　　　　② Play

③ Guitar　　　　　　　④ Beautiful

2

First	Second	Third

① Turn　　　　　　　② Thirty

③ Number　　　　　　④ Fourth

3

Bus	Airplane	Ship

① Train　　　　　　　② Fast

③ Travel　　　　　　　④ Driver

4

Pumpkin	Onion	Carrot

① Fruit　　　　　　　② Soup

③ Potato　　　　　　　④ Health

2문항
각 2점

문제지에 제시된 네 개의 문장들 중 어법상 틀렸거나 어색한 문장을 고르는 문제로 총 2문항으로 구성되어 있습니다. 다양한 어법을 이해하고 문장을 응용할 수 있는 능력이 필요합니다.

Study point

▶ 주어에 따라 적절한 동사가 쓰였는지 확인하고, 시제가 일치하는지 확인합니다.
▶ 관사나 수량 형용사에 뒤따르는 단수명사나 복수명사가 올바르게 쓰였는지 확인합니다.
▶ 그 외 동사의 형태나 대명사의 격 등 다양한 문법을 익혀 문장이 올바른지 확인합니다.

S A M P L E

TIP

영어의 기본 규칙을 잘 알아두는 것이 필요합니다. 언제나 '동사원형+ing'로 써야 하는 표현이 있고 '동사원형'만을 써야 하는 경우가 있습니다. '~하자'라는 표현은 Let's로 시작하는데 이 다음에는 반드시 동사원형이 사용됩니다.

해석
① 나는 노래 부르는 것에 소질이 있다.
② 가게에 가자.
③ 너 독서하는 것을 즐기니?
④ 우리는 동물 쇼를 보았다.

정답 ②

Choose the one that is grammatically incorrect.

① I am good at singing.

② Let's goes to the store.

③ Do you enjoy reading books?

④ We watched an animal show.

Need to Know

❶ 동사원형이 들어가는 표현

□ Let's eat some pizza. 피자 먹자.
□ Why don't you get a haircut? 머리를 자르는 것이 어때?
□ Shall we dance? 우리 춤 출까?
□ I'll help you do your homework. 네가 숙제하는 것을 도와줄게.
□ Don't tell anybody. 아무에게도 말하지 마.
□ I am going to study science. 나는 과학을 공부할 거야.

❷ 전치사 / 동사 뒤에 ~ing

□ I'm not interested in dancing. 나는 춤 추는 것에 흥미가 없다.
□ She is poor at playing the violin. 그녀는 바이올린 연주가 서툴다.
□ He finished doing the dishes an hour ago. 그는 한 시간 전에 설거지를 끝냈다.
□ How about eating out tonight? 오늘 밤에 외식하는 거 어떨까?
□ I enjoy watching Gag Concert every Sunday.
　　나는 일요일마다 개그콘서트 보는 것을 즐긴다.

Practice

[1~4] Choose the one that is grammatically incorrect.

1
① Lena wrote the letter to me.
② Ron and Jill are good friend.
③ She wants to go there with him.
④ Mr. Yoon is the most popular teacher.

2
① He is very careful.
② The class finish at 4 pm.
③ We will have a party for Jim.
④ There is a strawberry on the dish.

3
① People like to meet Erin.
② My sister is wearing a hat.
③ We saw an interesting movie.
④ Mr. Park will arrives there soon.

4
① I really want to see the movie.
② Your idea sounds great to me.
③ My sister likes learning English.
④ He has to do his homework last night.

문제지에 제시된 네 개의 단어 중 문맥에 어울리는 것을 골라 대화문을 완성하는 문제로 총 3문항으로 구성되어 있습니다. 대화자가 한 문장씩 모두 두 문장을 말하는 짧은 대화문이 제시되며 문장의 의미가 명확하고 적절해지도록 알맞은 단어를 고르는 능력이 필요합니다.

Study point

▶ 의문사의 의미를 정확하게 이해하고 기억할 수 있도록 학습합니다.

▶ 전치사의 다양한 쓰임과 의미를 숙달할 수 있게 연습합니다.

▶ 다양한 상황에 쓰이는 관용적인 표현이나 숙어의 의미를 잘 익혀둡니다.

TIP

관용적인 숙어 표현을 알고 있는지 묻는 문제로 볼 수 있습니다. 이동을 할 때 이동 수단에 따라 by를 사용하는 경우와 on을 사용하는 경우를 구분할 수 있어야 합니다. '걸어서'라는 표현을 어떻게 하는지 잘 생각해 봅시다.

해석

A: 너는 매일 체육관에 어떻게 가니?
B: 나는 거기에 (걸어서) 가.
① 버스   ② 발
③ 자전거   ④ 지하철
on foot: 걸어서, 도보로

정답 ②

S A M P L E

Choose the one that best completes the conversation.

A: How do you go to the gym every day?
B: I go there on (   ).

① bus   ② foot   ③ bicycle   ④ subway

Need to Know

How의 쓰임

□ How are you (doing)? 어떻게 지내니?

□ How do you go to school? 너 학교에 어떻게 가니?

□ How old are you? 너 몇 살이니?

□ How about going for a walk? 산책하러 가는 게 어때?

□ How smart you are! 너 참 똑똑하구나!

□ How many people are there? 몇 명의 사람이 있니?

□ How is the weather today? 오늘 날씨가 어떻지?

□ I don't know how to swim. 나는 수영하는 방법을 모른다.

Practice

[1~4] Choose the one that best completes the conversation.

1

A: (　　　) is the boy crying?
B: I guess he can't find his mom.

① How   ② Who   ③ Why   ④ What

2

A: Who did you travel (　　　)?
B: Actually, I traveled alone.

① to   ② by   ③ for   ④ with

3

A: Excuse me. Where is the police station?
B: Sorry. I am (　　　) here, too.

① old   ② late   ③ new   ④ good

4

A: What should I do with this old box?
B: You can just (　　　) it away.

① put   ② run   ③ buy   ④ make

04 : 유사한 문장 고르기

문제지에 제시된 문장과 가장 유사한 의미를 지닌 문장을 고르는 문제로 총 4문항으로 구성되어 있습니다. 비슷한 의미의 문장을 다양한 표현을 이용하여 나타내고 이해할 수 있는 능력이 필요합니다.

Study point

▶ 어휘를 학습할 때에 여러 유의어와 함께 익혀둡니다.
▶ 같은 상황에 쓰이는 다양한 회화 표현이나 관용적인 표현을 익혀둡니다.
▶ 말하는 사람의 의도나 문맥을 유지하면서 다른 문장으로 전환하는 연습을 합니다.

S A M P L E

TIP

박스 안에 주어진 문장의 의미를 정확하게 파악해야 합니다. 주어진 문장은 '나는 중국어를 아주 잘 말할 수 있다'는 의미입니다. can과 비슷한 의미로 쓰인 표현을 찾는 것이 핵심입니다.

해석

나는 중국어를 아주 잘 말할 수 있다.
① 나는 중국어를 아주 잘 말해야 한다.
② 나는 중국어를 아주 잘 말하기를 희망한다.
③ 나는 중국어를 아주 잘 말할 수 있다.
④ 나는 중국어를 아주 잘 말하게 될 것이다.

정답 ③

Choose the one that has the most similar meaning to that of the given sentence.

> I can speak Chinese very well.

① I have to speak Chinese very well.

② I hope to speak Chinese very well.

③ I am able to speak Chinese very well.

④ I am going to speak Chinese very well.

Need to Know

조동사 can

□ I can swim. 나는 수영을 할 수 있다. (능력)

□ You can't park here. 당신은 여기에 주차하면 안 됩니다. (허락)

□ We can get stamps from the post office. 우체국에서 우표를 살 수 있습니다. (가능)

□ Can I go home now? 지금 집에 가도 될까요? (허락)
　Could I go home now? 지금 집에 가도 될까요? (공손한 표현)

□ It could rain in the afternoon. 오후에 비가 올 수도 있어. (가능성)

□ He could skate when he was five. 그는 다섯 살 때 스케이트를 탈 수 있었다. (시제)

□ It can't be true. 그것은 사실일 리가 없다. (추측)

Practice

[1~4] Choose the one that has the most similar meaning to that of the given sentence.

1
> My mother teaches French to me.

① My mother is from France.

② I learn French from my mother.

③ My mother cooks French food for me.

④ I study to go to France with my mother.

2
> Ted ate dinner after he finished his homework.

① Ted ate dinner at home.

② Ted finished his homework after dinner.

③ Ted finished his homework before dinner.

④ Ted ate dinner without finishing his homework.

3
> You don't have to do this here.

① You won't do this here.

② You shouldn't do this here.

③ You don't want to do this here.

④ You don't need to do this here.

4
> I always go swimming with Dad.

① I often go swimming without Dad.

② I never go swimming without Dad.

③ I usually go swimming without Dad.

④ I sometimes go swimming without Dad.

대화를 완성하기에 문맥상 자연스러운 문장을 고르는 문제로 총 3문항으로 구성되어 있습니다. 대화의 전체적인 흐름을 파악하고 앞·뒤 문장의 관계를 고려하여 빈칸에 들어갈 내용을 추론하는 능력이 필요합니다.

Study point

▶ 앞·뒤에 있는 문장이 가장 큰 힌트가 되니 이것에 근거해 알맞은 응답이나 질문을 떠올립니다.
▶ 질문에 쓰인 의문사에 따라 예상되는 응답을 학습합니다.
▶ 앞·뒤 문장뿐만 아니라 전체적인 대화의 상황을 정확히 파악할 수 있도록 연습합니다.

S A M P L E

TIP

넥타이를 사려는 사람과 판매원과의 대화입니다. B(판매원)가 물건을 권한 뒤 마지막에 한 표현을 통해 사려는 사람이 물건을 사겠다고 했을 것으로 짐작할 수 있습니다.

해석

A: 이 넥타이들 얼마죠?
B: 파란 것은 10달러이고 보라색은 18달러예요.
A: 너무 비싸네요.
B: 이 녹색은 어떤가요? 5달러밖에 안해요.
A: 좋아요, 그것으로 주세요.
B: 훌륭한 선택이세요.
① 이것은 값이 얼마죠?
② 좋아요, 그것으로 주세요.
③ 당신은 녹색을 좋아하나요?
④ 저는 단지 구경만 하는 거예요.

정답 ②

Choose the one that best completes the conversation.

A : How much are these ties?
B : The blue one is 10 dollars, and the purple one is 18 dollars.
A : They are too expensive.
B : How about this green one? It's only 5 dollars.
A : _____
B : Good choice.

① How much is it?

② Great. I'll take it.

③ Do you like green?

④ I'm just looking around.

Need to Know

가게에서 ②

□ Is that everything? 이게 다예요?
□ That'll be forty dollars. 40달러 되겠습니다.
□ I can't come down any more. 더 이상 깎아 드릴 수 없습니다.
□ Take a free sample. 무료 샘플 가져가세요.
□ This is free of charge. 이것은 무료입니다.
□ Buy one and get one free. 하나 사면 하나 공짜.
□ Here it is. / Here you are. / Here they are. 여기 있어요.

Practice

[1~3] Choose the one that best completes the conversation.

1

A : I'd like to buy train tickets to New York.
B : When will you leave?
A : At 9:50 tomorrow morning.
B : Okay. How many do you want?
A : _____
B : Alright. Wait a moment, please.

① 5 tickets, please.　　　② I left 5 days ago.
③ The 5th of this month.　　　④ The train will leave in 5 minutes.

2

A : Do you have any plans for this Saturday afternoon?
B : Nothing special. Why?
A : Actually, it's my birthday this Saturday.
B : Really? I didn't know that.
A : _____
B : Sure. Thanks for inviting me.

① Will you help me?　　　② Will you change the plan?
③ Will you come to my party?　　　④ Will you invite me to dinner?

3

A : Do you know a new ice cream shop opened last week?
B : You mean the one across the street?
A : Yes.
B : Have you been there?
A : _____
B : Then let's go there together someday.

① No, I'm not.　　　② No, I wasn't.
③ No, I haven't.　　　④ No, I shouldn't.

45

06 | 자연스러운 대화 꾸미기

문제지에 제시된 네 개의 문장을 자연스러운 대화가 되도록 적절한 순서로 조합해 놓은 것을 고르는 문제로 총 2문항으로 구성되어 있습니다. 문장의 앞·뒤 관계를 파악하고 추론해 내는 능력이 필요합니다.

Study point

▶ 네 개의 선택지에서 공통적으로 시작하는 번호를 찾아 대화의 첫 문장을 파악합니다.
▶ 첫 문장에 대한 응답으로 가장 자연스러운 것을 찾고, 또 이와 같은 방법으로 대화를 이어나가는 연습을 합니다.

S A M P L E

TIP

제시된 선택지를 보면 1번으로 대화가 시작되는 것을 알 수 있습니다. 1번 내용은 모르는 사람에게 꽃가게가 있는지 묻는 말입니다. 이어서 이곳을 찾아가는 길을 묻고 알려주는 표현이 자연스럽게 이어지도록 내용을 연결시켜 보세요. 감사 표시는 길을 안내받은 사람이 하는 것입니다.

해석

1. 실례합니다. 이 근처에 꽃가게가 있나요?
5. 예. Pine Street에 한 개 있어요.
4. 거기에 어떻게 가면 되죠?
2. 이리로 걸어가다가 첫 번째 모퉁이에서 오른쪽으로 도세요. 그것이 거기에서 보일 거예요.
3. 감사합니다. 정말 친절하시군요.

정답 ③

Choose the one that makes a conversation by putting each sentence in the correct order.

1. Excuse me. Is there a flower shop near here?
2. Walk this way and turn right at the first corner. You'll see it there.
3. Thank you. You're so kind.
4. How can I get there?
5. Yes. There's one on Pine Street.

① 1 - 5 - 2 - 3 - 4   ② 1 - 5 - 3 - 2 - 4
③ 1 - 5 - 4 - 2 - 3   ④ 1 - 5 - 4 - 3 - 2

Need to Know

길 묻기

☐ How far is it from here? 여기에서 얼마나 떨어져 있죠?
☐ How long does it take to get there? 거기까지 가는 데 얼마나 걸리나요?
☐ Can you tell me where the bank is? 그 은행이 어디 있는지 알려 주시겠어요?
☐ You can't miss it. 못 찾을 리 없어요.
☐ You'll find it next to a post office. 우체국 옆에 있는 것이 보일 겁니다.
☐ Where am I? 여기가 어디죠?
☐ It's 10 minutes from here. 여기에서 10분 걸립니다.
☐ This is my first time here. 저는 여기가 처음입니다.
☐ You're almost there. 거의 다 왔습니다.

Practice

[1~3] Choose the one that makes a conversation by putting each sentence in the correct order.

1

1. Yes. What's the special for today?
2. Is there anything else?
3. May I take your order?
4. Our beef steak is also good.
5. Shrimp salad and chicken pasta are today's special.

① 3 - 1 - 2 - 5 - 4   ② 3 - 1 - 5 - 2 - 4
③ 3 - 4 - 1 - 2 - 5   ④ 3 - 4 - 2 - 1 - 5

2

1. Alright. I'll bring him the pie.
2. Thanks. Be nice to him.
3. He is our neighbor. He lives next door.
4. Will you bring this apple pie to Mr. Wilson?
5. Mr. Wilson? Who is he?

① 4 - 2 - 1 - 3 - 5   ② 4 - 2 - 1 - 5 - 3
③ 4 - 5 - 3 - 1 - 2   ④ 4 - 5 - 3 - 2 - 1

3

1. I didn't know you went to Europe. Was it good?
2. I took them in Europe.
3. Where did you take these photos?
4. I'd love to visit Europe, too.
5. Yes, it was great. Paris was the best.

① 3 - 1 - 2 - 4 - 5   ② 3 - 1 - 4 - 2 - 5
③ 3 - 2 - 1 - 5 - 4   ④ 3 - 2 - 5 - 1 - 4

07 시각 자료 이해하기

포스터, 광고, 초대장 등 생활 속에서 접할 수 있는 실용문을 읽고 질문에 대한 답을 찾는 문제로 하나의 지문에 대해 2문항으로 구성되어 있습니다. 질문과 답지 모두 영어로 주어지므로 기본적인 어법에 대한 이해력과 함께 어휘력을 길러 두는 것이 필요합니다.

Study point

▶ 질문을 정확히 파악할 수 있도록 특히 의문사에 대해 숙달하도록 합니다.
▶ 생략하여 간단하게 표시된 표현들도 나오므로 전반적인 전후관계를 통해 파악하도록 합니다.
▶ 날짜, 시간, 요일 등이 자주 등장하므로 숫자 표현을 특히 중점적으로 학습합니다.

S|A|M|P|L|E

TIP

할로윈 파티 초대장입니다. 손님들에게 파티가 열리는 곳의 주소, 시간, 날짜와 함께 Adrian의 전화번호까지 소개되어 있지만 파티 장소가 Adrian과 어떤 관계가 있는 곳인지는 명확하지 않음에 유의해야 합니다.

해석

할로윈 파티에 우리와 함께 하세요!
오후 6시 30분 ~ 오후 9시
10월 30일 목요일
Oak Avenue 8500
Adrian에게 전화 주세요 (02-783-3030)
가면 꼭 착용하세요!
1. 초대장에 제시되어 있지 않은 정보는?
 ① 날짜
 ② 주소
 ③ 손님목록
 ④ 전화번호
2. 파티에 대해서 알 수 있는 것은?
 ① 사람들은 파티에서 마스크를 쓸 것이다.
 ② Adrian은 파티에서 요리를 할 예정이다.
 ③ 파티는 Adrian의 집에서 열릴 예정이다.
 ④ 사람들은 파티에 3시간 동안 머물 것이다.

정답 1. ③ 2. ①

Look at the following poster and choose the correct answer for each question.

1. Which information is NOT written on the invitation?

① Date ② Address

③ Guest list ④ Phone number

2. What can be known about the party?

① People will wear masks at the party.

② Adrian is going to cook at the party.

③ The party will be held in Adrian's house.

④ People will stay at the party for three hours.

Practice

[1~2] Look at the following movie ticket and choose the correct answer for each question.

1

Mamma Mia
5:15 PM Fri 12/12/2015
Seat Number: G-14
* Can be returned before the movie starts.
* A 10% discount on popcorn can be
  given with this ticket.
|||||.||||.||||| Cine Box

1. Which information is NOT written on the ticket?

① Date

② Time

③ Price

④ Seat number

2. Which of the following is true?

① The movie title is *G-14*.

② The movie will be shown in the morning.

③ You cannot return the ticket once you buy it.

④ You can get a 10% discount on popcorn with the ticket.

[3~4] Look at the following information and choose the correct answer for each question.

2

Rules

1	Clean your desk.
2	Help each other.
3	Listen to your teacher.
4	Do not run around.
5	Do not make a noise.

3. Where can you find this notice?

① In a theater

② In a museum

③ In a classroom

④ In a restaurant

4. Which rule is NOT written on this notice?

① Being on time

② Keeping quiet

③ Helping others

④ Cleaning your desk

Practice

[5~6] Look at the following invitation and choose the correct answer for each question.

3

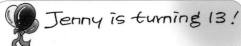 Jenny is turning 13!
Come and celebrate my birthday together.
All the classmates are invited.

Date & Time : Sat, December, 15th, 12pm.
Place : Jacob's Restaurant.
If you can't come,
please call Jenny at 560-9812.

5. When will the party be held?

① On the 12th
② On the 13th
③ On the 14th
④ On the 15th

6. What can NOT be known from the invitation?

① Who are invited
② Why the party is held
③ Where the party will be held
④ What time the party will finish

편지, 일기, 이야기 등 일상 속에서 쉽게 접할 수 있는 글을 읽고 질문에 대한 답을 찾는 문제로 하나의 지문에 대해 2문항으로 구성되어 있고 모두 두 개의 지문에 4문항이 출제됩니다. 질문과 답지 모두 영어로 주어지므로 기본적인 영어 문법과 어휘에 대해 숙달하는 것이 필요합니다.

Study point

▶ 질문을 정확히 파악할 수 있도록 특히 의문사에 대해 숙달하도록 합니다.
▶ 평소에 영어로 된 읽기 자료를 꾸준히 읽으면서 어휘력을 확장하도록 합니다.
▶ 문제를 먼저 읽고 그 방향에 초점을 맞추어 읽기를 하는 것도 효과적인 방법이 될 수 있습니다.

S A M P L E

TIP

엄마와 아빠에게 보내는 편지글로 겨울 캠프에서 즐겁게 보내고 있다는 내용을 담고 있습니다. 1번에서는 편지를 쓴 이유를, 2번에서는 캠프에서 하지 않은 일이 무엇인지 묻고 있어요. 질문에 답하기 위해 구체적인 내용을 정확히 파악해야 합니다.

해석

사랑하는 엄마, 아빠,
잘 지내세요? 저는 겨울 캠프에서 즐거운 시간을 보내고 있어요. 여기 캠프에서 우리는 재미있는 일들을 많이 하고 있지요. 저는 눈사람과 이글루를 만들었고 스키 타는 법도 배웠어요. 제가 만든 눈사람 사진을 보내요. 두 분 다 보고 싶네요.
사랑하는
Benjamin 올림

정답 1. ③ 2. ④

Read the following passage and choose the correct answer for each question.

Dear Mom and Dad,

How are you? I'm having a great time at winter camp. Here at camp, we do lots of fun things. I made a snowman and an igloo, and I learned how to ski. I'm sending a photo of the snowman I made. I miss you both.

Love,
Benjamin

1. Why did Benjamin write the letter?

① To ask his parents for help

② To say to his parents he is sorry

③ To tell his parents how he is doing

④ To invite his parents to winter camp

2. What did Benjamin NOT do at winter camp?

① Build an igloo　　② Learn how to ski

③ Make a snowman　　④ Have a snowball fight

Practice

[1~2] Read the following passage and choose the correct answer for each question.

1

October 24

It was my birthday today, but in the morning I was very sad because no one seemed to know that. After lunch, I left home and went to the playground to see my friends. But I couldn't meet anyone there. When I walked back into the house, I was so surprised. There were all of my friends and I could see a birthday cake and gifts. "Surprise! Happy birthday, Jessica!" everyone shouted. I was so happy. It was my best birthday!

1. How did Jessica's feelings change according to the diary?

① Sad → Happy

② Lonely → Sad

③ Happy → Lonely

④ Surprised → Angry

2. What is true about Jessica according to the diary?

① She bought her birthday cake.

② She thought she had the best birthday.

③ She didn't get any gifts on her birthday.

④ She met a friend on the playground on October 24th.

Practice

2

Two great writers were born in England in 1564. One was William Shakespeare. The other was Christopher Marlowe. Shakespeare wrote a lot of plays, but Marlowe wrote only 4 plays. Shakespeare lived to be 52, but Marlowe died when he was only 29. Both of them were very famous in their time, and people in England still love them today.

3. What is the best title for the passage?

① Two Writers without Names

② Two Writers Who Died Young

③ Two Writers in English History

④ Two Writers Who Went to England

4. Which of the following is true?

① Marlowe wrote more than 4 plays.

② Marlowe is loved by English people.

③ Shakespeare was not born in England.

④ Shakespeare was not famous in his time.

Practice

[5~6] Read the following passage and choose the correct answer for each question.

3

Dear June,

Hi! Im Tina. I live in a small, quiet town in California. I am the only child in my family, but I have a lot of good friends and neighbors. So I'm not lonely. And now, I also have you. You're my first pen friend. I want to know more about you. I hope to hear from you soon. Take care!

Your new friend,
Tina

5. Who are June and Tina?

① Pen pals

② Neighbors

③ Old friends

④ Schoolmates

6. Which of the following is true about Tina?

① She lives in a big town.

② She always feels lonely.

③ She has only one friend.

④ She doesn't have any brothers or sisters.

01 : 그림을 보고 대화 완성하기 ❶

2문항
각 4점

문제지에 제시된 그림을 보고 대화의 내용이 그림과 일치하도록 주어진 단어 중에서 빈칸에 적절한 한 단어를 써 넣는 문제로 총 2문항으로 구성되어 있습니다. 다양한 종류의 여러 단어의 뜻을 정확히 인지하고 구분하여 쓸 수 있는 능력이 필요합니다.

Study point

▶ 다양한 읽기 자료 등을 통해 종류별로 여러 단어를 익힙니다.
▶ 단어를 눈으로만 보지 말고 직접 써보는 연습을 통해 자신감을 기르는 것이 필요합니다.

S A M P L E

TIP

그림에 맞게 대화의 빈칸에 주어진 단어 중에서 골라 써 넣는 문제입니다. 그림에서 처럼 버스를 운전하는 사람을 영어로 어떻게 표현하는지 생각해 봅니다.

해석

A: 너의 아버지의 직업이 뭐지?
B: 버스 운전사이셔.
(엔지니어, 운전사, 조종사, 스케이트 선수)

정답 driver

Look at the following picture and write **ONE** of the given words to complete the conversation.

ex engineer, driver, pilot, skater

A : What is your father's job?
B : He is a bus _____.

Need to Know

What의 쓰임

□ What is your name? 너의 이름이 뭐니?
□ What is your address? 너의 주소가 어떻게 되니?
□ What should I do? 내가 뭘 [어떻게] 해야 하나요?
□ What do you think of this picture? 이 사진에 대해서 어떻게 생각하니?
□ What is the weather like today? 오늘 날씨가 어떻지?
□ What grade are you in? 너 몇 학년이니?
□ What does she do? 그녀의 직업이 뭔가요?
□ What time do you go to bed? 너는 몇 시에 잠자리에 드니?
□ What a beautiful world! 정말 아름다운 세상이네요!

Practice

[1~3] Look at the following picture and write **ONE** of the given words to complete the conversation.

1

ex glasses, gloves, grass, guess

A : Mom, where are my _____?

B : They are on the desk.

2

ex swimming, skating, skiing, running

A : What did you do last Friday?

B : I went _____ with my friends.

3

ex front, next, back, up

A : Do you know where Catherine is now?

B : She is standing in _____ of her house.

02 : 시각자료를 보고 글 완성하기

문제지에 제시된 시각자료의 내용과 일치하는 글이 되도록 제시된 단어 중에서 한 단어씩 골라 빈칸에 써넣는 문제로 하나의 지문에 2문항으로 구성되어 있습니다. 시각자료가 제시하는 상황을 정확히 이해하고, 정확히 맞는 표현을 골라 내는 능력이 필요합니다.

Study point

▶ 그림으로 표현될 수 있는 다양한 형태의 단어를 익혀둡니다.
▶ 그래프나 도표 등을 정확히 읽을 수 있도록 숫자 표현, 분수 표현 등을 익혀둡니다.
▶ 해당 단어를 넣어 글을 완성한 후, 글을 다시 읽어 보면서 자연스러운지 확인합니다.

S A M P L E

TIP
어떤 교통수단들을 얼마나 이용하는지를 나타내는 그래프를 보고 내용에 맞게 단어를 써넣는 문제입니다. 1번에서는 5와 관련된 숫자를 혼동하지 않고 잘 구분할 수 있어야 합니다. 2번은 교통수단을 이용할 때 쓰이는 take의 알맞은 형태를 묻고 있는데 그 앞에 나온 are와 같이 쓰일 수 있는 것을 찾아봅시다.

해석
오늘날, 점점 더 많은 사람들이 대중교통을 이용하고 있습니다. 우리는 100명의 사람에게 등교나 출근을 어떻게 하는지 물었습니다. 그들 중 1. 50명은 등교나 출근할 때 지하철을 이용하고 있습니다. 30퍼센트는 버스를 2. 이용하고 있고 15퍼센트는 자신의 자가용을 운전하고 있습니다.
예1) 50, 50번째의, 5, 다섯 번째
예2) (교통수단을) 타다

정답 1.Fifty 2. taking

Look at the following and write ONE of the given words to complete the passage.

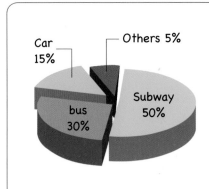

Today, more and more people are using public transportation. We asked 100 people how they go to school or work. __1__ of them are using the subway to go to school or work. Thirty percent are __2__ buses and fifteen percent are driving their cars.

1. _ex_ Fifty, Fiftieth, Five, Fifth

2. _ex_ took, taking, taken, take

Need to Know

숫자			
□ 분수	• 1/4: a quarter	• 1/2: a half	• 2/3: two-thirds	• 3/4: three quarters
□ 기수	• 1만: ten thousand	• 10만: one hundred thousand		• 100만: a million
	• 1000만: ten million	• 1억: one hundred million		• 10억: a billion
□ 서수	• 첫 번째: first(=1st)	• 두 번째: second(=2nd)		• 세 번째: third(=3rd)
	• 네 번째: fourth(=4th)	• 열 한번 째: eleventh(=11th)		
□ 횟수	• 한 번: once	• 두 번: twice	• 세 번: three times	• 네 번: four times

Practice

[1~4] Look at the following and write ONE of the given words to complete the passage.

1
2

On a Sunday morning, Cynthia's family are spending their time in their own ways. Cynthia's father, Matthew, is reading a newspaper in the living room. Rosemary who is Cynthia's mother is making ___1___ for the family. Brian, Cynthia's older brother, is ___2___ his hair in the bathroom.

Cynthia's little brother, Charlie, is still sleeping in his bed. Finally, Cynthia is listening to music in her room.

1. *ex* breakfast, lunch, dinner, fruit

2. *ex* making, washing, hanging, getting

3
4

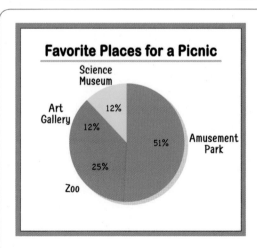

Brenda's class had to decide where to go on a class picnic. ___3___ of the students wanted to go to an amusement park. A quarter of them wanted to go to a zoo. The same percentage of the students wanted to ___4___ an art gallery and a science museum. As a result, they decided to go on a picnic to an amusement park.

3. *ex* Most, Less, Half, Little

4. *ex* eat, drink, think, visit

03 : 그림을 보고 대화 완성하기 ❷

문제지에 제시된 그림을 보고 대화의 내용이 그림과 일치하도록 주어진 단어 중에서 빈칸에 적절한 두 단어를 써 넣는 문제로 총 1문항으로 구성되어 있습니다. 여러 가지 다양한 숙어 표현과 전치사의 의미와 쓰임에 대한 이해 등 더욱 확장된 어휘력이 요구되는 문제입니다.

Study point

▶ 자주 사용되는 숙어 표현을 숙달해 둡니다.
▶ 단어를 눈으로만 보지 말고 직접 써보는 연습을 통해 자신감을 기르는 것이 필요합니다.

S|A|M|P|L|E

Look at the following picture and fill in each blank with ONE of the given words to complete the conversation.

ex ride, jump, rope, pass, bicycle, swing

A : What is your hobby?
B : I like to _____ a _____ . It is very fun.

Need to Know

취미

☐ play the piano	play soccer	play computer games	play chess	play cards
☐ go skiing	go fishing	go skating	go bowling	go hiking
☐ go on a picnic	go to the movies	go to a concert		
☐ listen to music	listen to the radio	watch TV	surf the Internet	
☐ take a walk	take a trip	take a picture	take a nap	
☐ do Taekwondo	do yoga	do aerobics	do exercise	

Practice

[1~3] Look at the following picture and fill in each blank with **ONE** of the given words to complete the conversation.

 1

> *ex* in, on, under, desk, kitchen, vase

A : Did you see my Teddy bear?
B : Yes. It is _____ the _____ .

 2

> *ex* watering, picking, on, stepping, in, over

A : Do you know what Selene is doing now?
B : She is _____ the flowers _____ the garden.

 3

> *ex* got, turned, down, took, at, up

A : Why are you late for school?
B : I'm sorry. I _____ _____ late this morning.

실전모의고사

1

Listening Part

1~2 Listen to the words and choose the one that is different from the others. (2 points)

1   ①   ②   ③   ④

2   ①   ②   ③   ④

3~5 Listen to each sentence and choose the one that best shows the meaning. (2 points)

3   ①   ②   ③   ④

CD2-07

4 ① ② ③ ④

CD2-08

5 ① ② ③ ④

CD2-09

6~9 Listen to each conversation and choose the correct answer for the question. (2 points)

6 What best shows the situation of the conversation?

CD2-10

① ② ③ ④

7 How does the boy go to school?

CD2-11

① ② ③ ④

8 What is the girl's hobby?

CD2-12

① ② ③ ④

9 Why did the boy NOT go to the beach?

CD2-13

① ② ③ ④

CD2-14

10~14 Listen to each conversation and the following question.
Then choose the correct answer. (4 points)

CD2-15

10   ①   ②   ③   ④

CD2-16

11   ①   ②   ③   ④

CD2-17

12   ①   ②   ③   ④

CD2-18

13 ① ② ③ ④

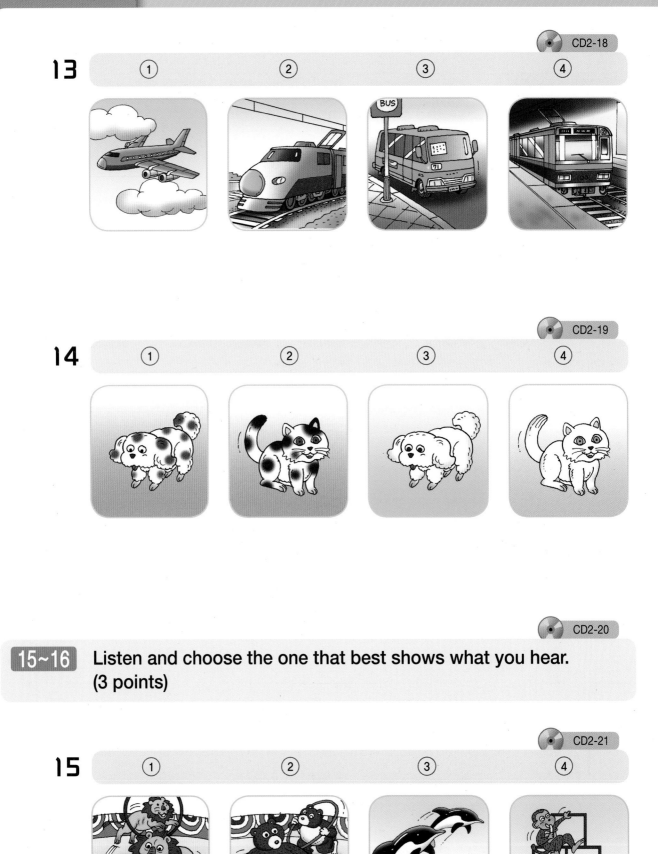

CD2-19

14 ① ② ③ ④

CD2-20

15~16 Listen and choose the one that best shows what you hear. (3 points)

CD2-21

15 ① ② ③ ④

CD2-22

16   ①   ②   ③   ④

CD2-23

17~20   Listen to each conversation and choose the correct answer for the question. (3 points)

CD2-24

17   Which food did the woman NOT order?

① Garlic bread

② French fries

③ Tomato soup

④ Cheese burger

CD2-25

18   Why is the woman NOT satisfied with the fan?

① Because it's too dirty

② Because it's too noisy

③ Because it's too small

④ Because it's too expensive

Listening Part

19 Where should the boy go?

CD2-26

① Hospital

② Bookstore

③ Repair shop

④ The girl's house

20 For what time did the man reserve the restaurant?

CD2-27

① 4:00 p.m.

② 5:00 p.m.

③ 6:00 p.m.

④ 7:00 p.m.

CD2-28

21~25 Listen to each conversation and choose the best response to the last person's comment. (4 points)

21

CD2-29

① Here we are.

② I think so, too.

③ I feel great today.

④ Oh, that's too bad.

22

CD2-30

① It's Saturday.

② Can I make one now?

③ Here is your library card.

④ You can borrow three books.

23

CD2-31

① It was so nice.

② It will be on Friday.

③ I had a severe headache.

④ Good luck on your exam.

24

CD2-32

① We must hurry.

② The movie was great.

③ In front of the theater.

④ I don't think it's yours.

25

CD2-33

① This is for you.

② I like the yellow one.

③ So take your umbrella.

④ You should buy a notebook tonight.

CD2-34

26~27 Look at the following chart or picture. Then choose the correct answer for each question. (3 points)

CD2-35

26 Listen and choose the one that does NOT match the information.

Museum Hours	
Monday Wednesday Friday	10 a.m. - 5 p.m.
Tuesday Thursday Saturday	9 a.m. - 7 p.m.
Sunday	closed

① ② ③ ④

CD2-36

27 Listen and choose the one that matches the coupon.

$1⁰⁰ OFF
THE **BIG** CHICKEN FILLET™

Receive $1 off
The Big Chicken Fillet™

Good for August only

① ② ③ ④

CD2-37

28 Listen and choose the one that does NOT match the two pictures. (4 points)

CD2-38

① ② ③ ④

CD2-39

29~31 Listen to each of the four short conversations and choose the one that does NOT sound natural. (3 points)

CD2-40

29 ① ② ③ ④

CD2-41

30 ① ② ③ ④

CD2-42

31 ① ② ③ ④

CD2-43

32~33 Listen to the conversation and choose the correct answer for each question. (4 points)

CD2-44

32 What day is Jane's birthday?

① Wednesday

② Thursday

③ Friday

④ Saturday

33 Where is Jane going to have the party?

① At school

② At her house

③ At a restaurant

④ At the boy's house

Reading Part

34~35 **Choose the most similar one to the words in the box. (2 points)**

34

Exciting	Great	Interesting

① Nail   ② Walk   ③ Scarf   ④ Wonderful

35

Morning	Evening	Noon

① Moon   ② Night   ③ Today   ④ Summer

36~37 **Choose the one that is grammatically incorrect. (2 points)**

36

① Her hobby is playing the guitar.

② You are a very good tennis player.

③ He want to be a doctor in the future.

④ I go jogging at seven every morning.

37

① How was your trip to America?

② My sister is tall than my brother.

③ What time shall we meet at school?

④ He is interested in listening to music.

38~40 Choose the one that best completes the conversation. (3 points)

38
> A : Can I help you?
> B : Yes, I'm (   ) for my glasses.

① walking   ② wearing   ③ looking   ④ helping

39
> A : How (   ) will you stay there?
> B : I will stay there for about a week.

① long   ② far   ③ large   ④ many

40
> A : I have a (   ) with this math question. Can you help?
> B : Sure, let me see.

① plan   ② play   ③ hobby   ④ problem

41~44 Choose the one that has the most similar meaning to that of the given sentence. (4 points)

41
> "I'd like to exchange some dollars for Korean wons."

① The speaker is working at a bank.

② The speaker wants to change money.

③ The speaker is paying for what he bought.

④ The speaker has no money at the moment.

Reading Part

42 "I don't eat anything after nine because I am on a diet."

① The speaker is good at cooking.

② The speaker wants to lose weight.

③ The speaker always eats out for dinner.

④ The speaker wants to eat something new.

43 "The party was boring, wasn't it?"

① The speaker didn't go to the party.

② The speaker didn't enjoy the party.

③ The speaker wasn't invited to the party.

④ The speaker had a great time at the party.

44 "I won first prize in the English speaking contest."

① The speaker was afraid of speaking English.

② The speaker is practicing English for the contest.

③ The speaker wanted to win the prize at the English contest.

④ The speaker got the best prize at the English speaking contest.

45~47 Choose the one that best completes the conversation. (4 points)

45

A : Excuse me, do you have a baseball cap?
B : Yes, we do. What color would you like?
A : I want black.
B : How about this? It's a new one.
A : _____
B : Of course. Here you are.

① May I try it on?

② Can I talk to him?

③ It's too expensive.

④ It looks good on you.

46

A : Where do you go every Wednesday?
B : I visit the place for old people.
A : _____
B : I teach old people how to use a computer.
A : Wow! I want to help them, too. Can I join you?
B : Of course.

① What do you do there?

② How do you know them?

③ Where were you yesterday?

④ When did you start working?

47

> A : I think this is a good movie. Would you like to go with me?
> B : OK, what time?
> A : How about this Friday evening?
> B : Well, it's not good for me. How about Sunday?
> A : _____
> B : Great. I can't wait to see it.

① That's fine with me.

② I already saw the movie.

③ No, I'm not interested in it.

④ It was such a boring movie.

48~49 Choose the one that makes a conversation by putting each sentence in the correct order. (4 points)

48

> 1. Speaking.
> 2. Hi, Mrs. Smith. This is Kate.
> 3. Hello. May I speak to Mrs. Smith?
> 4. I've been great. Thanks.
> 5. Hi, Kate. How have you been?

① 3 - 2 - 4 - 1 - 5   ② 3 - 5 - 4 - 1 - 2

③ 3 - 4 - 1 - 2 - 5   ④ 3 - 1 - 2 - 5 - 4

49

1. James, let's go out and play football.
2. What's wrong? Are you sick?
3. Oh, I'm sorry to hear that.
4. I'd better stay home. I don't feel good.
5. Yes, I have a fever and a headache.

① 1 - 5 - 3 - 4 - 2
② 1 - 4 - 2 - 3 - 5
③ 1 - 5 - 4 - 2 - 3
④ 1 - 4 - 2 - 5 - 3

50~51 Look at the following poster and choose the correct answer for each question. (4 points)

50 Where can you probably see this notice?

① Radio
② Internet
③ Television
④ Telephone book

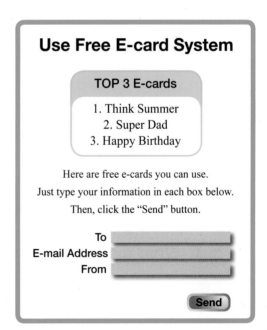

Use Free E-card System

TOP 3 E-cards

1. Think Summer
2. Super Dad
3. Happy Birthday

Here are free e-cards you can use.
Just type your information in each box below.
Then, click the "Send" button.

To
E-mail Address
From

Send

51 What should you do after typing your information in the boxes?

① Write a card
② Send your ID card
③ Press 'Send' button
④ Get a free phone card

52~55 **Read the following passage and choose the correct answer for each question. (4 points)**

(52~53)

> August 28th, 2014
>
> After we had breakfast, we left the camp around 12 o'clock. On our way back home, we visited a famous temple near Muju. The temple was very old, but it was beautiful. We took pictures in front of the temple. I had so much fun, and I made some new friends during the camp.

52 What kind of writing is it?

① Diary

② Poem

③ Warning

④ Advertisement

53 What did the writer do after he left the camp?

① He had breakfast.

② He took pictures at the camp.

③ He went home and took a rest.

④ He visited an old but beautiful temple.

(54~55)

To: Abby <abbyangel@email.net>
From: Susan <susanpearl@email.net>
Subject: What can I do?

Dear Abby,

I am the only girl in my family. I have three brothers. I almost always do the dishes and wash the clothes. My mother works, so I often do the cooking for my brothers, too. My brothers never help me clean the house. I am tired of doing all the work in the house. What can I do?

Sincerely,
Susan

54 What is the purpose of the writing?

① To invite people

② To make friends

③ To learn cooking

④ To ask for advice

55 What can NOT be known about the writer?

① The writer's name

② The writer's hobby

③ The writer's problem

④ The writer's e-mail address

Writing Part

1~2 Look at the following picture and write **ONE** of the given words to complete the conversation. (4 points)

1

ex swimming, swims, swimmer, swam

A : What do you usually do after school?

B : I usually go ⬚ .

2

Age : 8

ex what, how, which, when

A : ⬚ old is your sister, Jinny?

B : She is eight years old.

3~4 Look at the following and write <u>ONE</u> of the given words to complete the passage. (4 points)

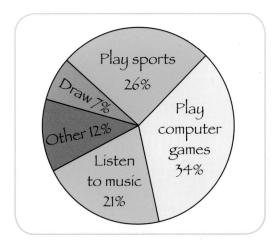

This graph shows what children like to do in their free time. (3) percentage of children like drawing. Children like playing computer games most. They like playing sports (4) than listening to music.

3
ex   seven, seventh, twelve, twelfth

4
ex   few, less, as, more

5 Look at the following picture and fill in each blank with <u>ONE</u> of the given words to complete the conversation. (4 points)

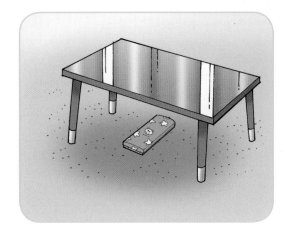

ex   saw, next, wrote, made, under, above

A : Did you see my pencil case?

B : I _____ it _____ the table.

THE END

실전모의고사

2

Listening Part

CD2-46

1~2 Listen to the words and choose the one that is different from the others. (2 points)

CD2-47

1 ① ② ③ ④

CD2-48

2 ① ② ③ ④

CD2-49

3~5 Listen to each sentence and choose the one that best shows the meaning. (2 points)

CD2-50

3 ① ② ③ ④

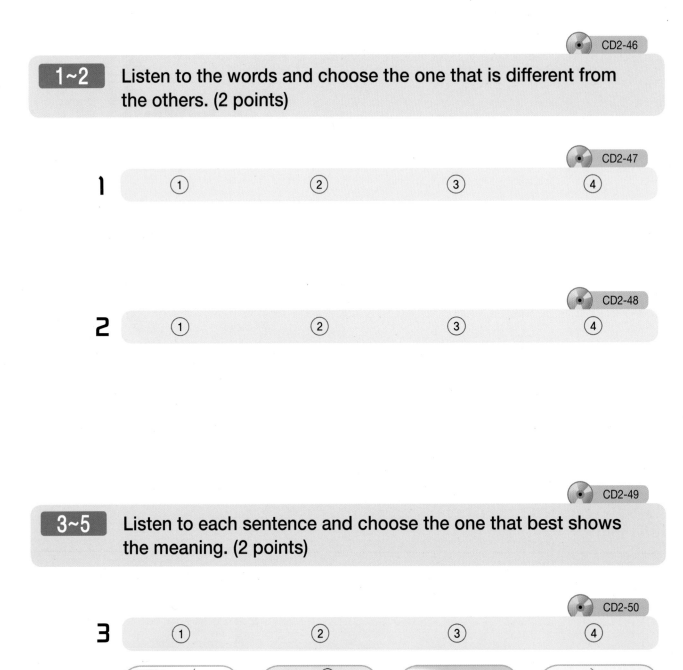

CD2-51

4
① ② ③ ④

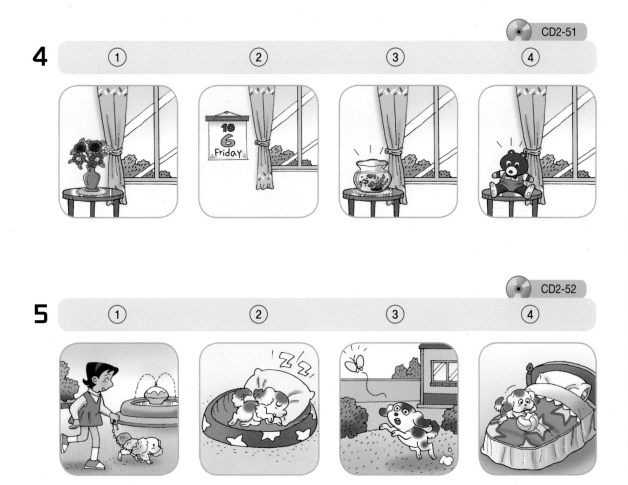

CD2-52

5
① ② ③ ④

CD2-53

6~9 Listen to each conversation and choose the correct answer for the question. (2 points)

6 What best shows the situation of the conversation?

CD2-54

① ② ③ ④

7 How did the boy go to Busan?

CD2-55

① ② ③ ④

8 What is the girl doing now?

CD2-56

① ② ③ ④

CD2-57

9 What are the boy and the girl going to do this weekend?

① ② ③ ④

CD2-58

10~14 Listen to each conversation and the following question. Then choose the correct answer. (4 points)

CD2-59

10   ①   ②   ③   ④

CD2-60

11   ①   ②   ③   ④

CD2-61

12   ①   ②   ③   ④

Listening Part

CD2-62

13   ①   ②   ③   ④

Fruits

Park

Ice cream

CD2-63

14   ①   ②   ③   ④

CD2-64

15~16   Listen and choose the one that best shows what you hear.
(3 points)

CD2-65

15   ①   ②   ③   ④

NY

CD2-66

16 ① ② ③ ④

CD2-67

17~20 Listen to each conversation and choose the correct answer for the question. (3 points)

17 What did the man NOT order?

① Coke

② Salad

③ Chicken

④ Vegetable soup

18 Why did the boy go to the hospital?

① He had a cold.

② He hurt his leg.

③ He had a headache.

④ His brother got hurt.

19 Where will the boy and the girl go?

CD2-70

① To the bus stop

② To the girl's house

③ To the boy's house

④ To the subway station

20 What is the woman looking for?

CD2-71

① A bank

② A post office

③ A restaurant

④ A supermarket

CD2-72

21~25 Listen to each conversation and choose the best response to the last person's comment. (4 points)

21

CD2-73

① She was there.

② No, I didn't do it.

③ You can't miss it.

④ Yes, that's a good idea.

22

CD2-74

① No, I don't.

② This is yours.

③ I didn't finish it.

④ I went there yesterday.

23

CD2-75

① I hope so.

② It was great.

③ Here you are.

④ That's all right.

24

CD2-76

① At my house.

② Under the table.

③ In the afternoon.

④ It's my pleasure.

25

CD2-77

① I like winter better.

② Because it's too dark.

③ I didn't bring a jacket.

④ I like watching movies.

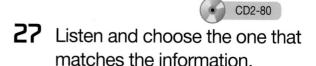
CD2-78

26~27 Look at the following chart or picture. Then choose the correct answer for each question. (3 points)

CD2-79

26 Listen and choose the one that does NOT match the information.

Library Hours	
Monday - Wednesday	9 am - 5 pm
Thursday - Friday	10 am - 8 pm
Saturday and Sunday closed	

① ② ③ ④

CD2-80

27 Listen and choose the one that matches the information.

Sports Lessons		
Course Title	Time	Place
Basketball	10 am - 11 am	Gym on the second floor
Tennis	1 pm - 3 pm	Gym on the third floor
Swimming	4 pm - 6 pm	Gym on the first floor

① ② ③ ④

CD2-81

28 Listen and choose the one that does NOT match the two pictures. (4 points)

CD2-82

① ② ③ ④

29~31 Listen to each of the four short conversations and choose the one that does NOT sound natural. (3 points)

29 ①   ②   ③   ④

CD2-85

30 ①   ②   ③   ④

CD2-86

31 ①   ②   ③   ④

32~33 Listen to the conversation and choose the correct answer for each question. (4 points)

CD2-88

32 What are the boy and the girl going to do tomorrow?

① Play sports

② Take a walk

③ Go shopping

④ Visit their cousin

33 What does the girl want to buy for her cousin?

① A doll

② A book

③ A toy robot

④ A basketball

Listening Part

Reading Part

34~35 Choose the most similar one to the words in the box. (2 points)

34

Motorbike	Bus	Train

① Trip   ② Road   ③ Airplane   ④ Backpack

35

Quiet	Difficult	Beautiful

① Smart   ② Sleep   ③ Borrow   ④ Take

36~37 Choose the one that is grammatically incorrect. (2 points)

36

① She opened the door.

② I want to be a music teacher.

③ The oranges are on the table.

④ They is walking on the street.

37

① How can I get to the park?

② He is good at playing the piano.

③ The shoe store is next to the bakery.

④ What are you going to do yesterday?

38~40 Choose the one that best completes the conversation. (3 points)

38
A : What's your hobby?
B : I (   ) playing badminton.

① enjoy   ② have   ③ walk   ④ think

39
A : How (   ) countries have you ever been to?
B : I've been to ten countries.

① much   ② many   ③ little   ④ few

40
A : Why don't we go to a concert tonight?
B : That (   ) good.

① needs   ② wants   ③ sounds   ④ has

41~44 Choose the one that has the most similar meaning to that of the given sentence. (4 points)

41
"I'd like to know how much the concert ticket is."

① The speaker wants to know the price of the ticket.

② The speaker wants to know who performs at the concert.

③ The speaker wants to know the location of the concert hall.

④ The speaker wants to know the playing time of the concert.

42 There is heavy traffic on the road.

① There isn't anything on the road.

② There are no people on the road.

③ There are many cars on the road.

④ There are many buildings on the road.

43 "I have an appointment with my friend this afternoon."

① The speaker has no friends.

② The speaker is with his friend now.

③ The speaker is going to meet his friend.

④ The speaker appoints his friend as class president.

44 "My flight for Chicago is at 10:30."

① The speaker is in Chicago.

② The speaker is going to Chicago.

③ The speaker is coming from Chicago.

④ The speaker wants to know what time it is.

45~47 Choose the one that best completes the conversation. (4 points)

45

A : What are you doing this Saturday?

B : Nothing special. How about you?

A : My family is going to visit my grandfather.

B : Where does he live?

A : _____ Have you ever been there?

B : No, but I want to.

① He is very kind.

② He is a fisherman.

③ He lives in Daegu.

④ He likes sports a lot.

46

A : Hello, how may I help you?

B : I'm looking for sneakers.

A : How about these? They are very popular.

B : But I don't like the color. Do you have these in blue?

A : _____ How about the green ones?

B : Let me try them.

① Here you are.

② It's 35 dollars.

③ Sorry, but we don't.

④ How do you like it?

47

A : Hello. May I speak to Carol?

B : This is Carol speaking.

A : Hi, it's me, James. Why don't we play computer games tomorrow?

B : OK, what time?

A : _____

B : Great. See you then.

① It was Tuesday.

② It will be raining.

③ How did you know?

④ What about 3 o'clock?

48~49 Choose the one that makes a conversation by putting each sentence in the correct order. (4 points)

48

1. Today's special is a fillet of salmon with onion soup.

2. Are you ready to order?

3. Great, I'll have that one.

4. What's today's special?

5. OK. I'll be right back.

① 2 - 3 - 4 - 1 - 5   ② 2 - 5 - 4 - 1 - 3

③ 2 - 4 - 1 - 3 - 5   ④ 2 - 1 - 3 - 5 - 4

49

> 1. Excuse me. What time do we arrive?
> 2. Thank you.
> 3. You're welcome. Would you like a drink?
> 4. We'll be landing in 30 minutes.
> 5. Orange juice, please.

① 1 - 5 - 3 - 4 - 2　　　　② 1 - 4 - 2 - 3 - 5

③ 1 - 5 - 4 - 2 - 3　　　　④ 1 - 4 - 2 - 5 - 3

Reading Part

50~51 Look at the following poster and choose the correct answer for each question. (4 points)

50 What is the purpose of the writing?

① To give advice

② To make money

③ To invite people

④ To advertise a store

> **When you have a sore throat...**
>
> - Do not talk too much.
> - Drink plenty of warm water.
> - Keep your neck warm.
> - Do not drink soda.

51 According to the writing, what helps a sore throat?

① Talking a lot

② Wearing a scarf

③ Singing loudly

④ Drinking cold water

52~55 Read the following passage and choose the correct answer for each question. (4 points)

(52~53)

Puppy for SALE! - Poodle

* Height: 8 inches
* Weight: 3 kg
* Age: 7 months
* Contact Info.
  Email: sher11@cox.net
  Phone: 479-531-1940
  Location: NW Arkansas

---

52 What is this advertisement for?

① Feeding a puppy

② Selling a puppy

③ Finding a puppy

④ Training a puppy

53 What can NOT be known from the advertisement?

① How tall the puppy is

② How old the puppy is

③ How much the puppy is

④ What kind of puppy it is

(54~55)

> Dear Susan,
>
> Summer vacation is almost over! It was really good to see you. I loved the place where we visited together. Especially I really liked Disney World. I'll send you some pictures that we took there. Can you come to my place this winter vacation? There are beautiful mountains here in Korea. Let's go skiing together! It will be really fun. I'm looking forward to seeing you in winter.
>
> Yours,
> Jin

54 What does Jin suggest Susan do in winter?

① Go climbing

② Take pictures

③ Visit her house

④ Go to Disney World

55 What can be known about Jin?

① Her age

② Her height

③ Her country

④ Her favorite season

Writing Part

1~2 Look at the following picture and write **ONE** of the given words to complete the conversation. (4 points)

1

ex sunny, cloudy, rainy, snowy

A : What's the weather like today?

B : It's [   ] outside. Please take your umbrella.

2

ex go, run, sit, be

A : What time do you usually [   ] to bed?

B : At ten o'clock.

3~4 Look at the following and write <u>ONE</u> of the given words to complete the passage. (4 points)

> ### MENU
> #### Welcome to Blue Lake
>
> **Dishes**
> CREAM SPAGHETTI - $ 8.00
> PIZZA WITH BACON - $ 12.00
> PIZZA WITH POTATO - $ 11.00
>
> **Desserts**
> CAKE - $ 2.00
> ICE CREAM - $ 1.50

You can see this menu in a restaurant. The (3) of the restaurant is 'Blue Lake.' There are (4) kinds of dishes and two kinds of desserts on the menu. The most expensive food is bacon pizza. Ice cream is the cheapest.

3 | *ex* | menu, name, dessert, dishes |

4 | *ex* | three, five, seven, nine |

5 Look at the following picture and fill in each blank with <u>ONE</u> of the given words to complete the conversation. (4 points)

| *ex* | truck, teacher, taxi, guide, bus, driver |

A : What does your uncle do?

B : He is a ＿＿＿＿＿＿ ＿＿＿＿＿＿.

THE END

Writing Part

TOPEL Jr.

1 LEVEL

Level Up

실전모의고사

3

Listening Part

CD3-02

1~2 Listen to the words and choose the one that is different from the others. (2 points)

CD3-03

1 ① ② ③ ④

CD3-04

2 ① ② ③ ④

CD3-05

3~5 Listen to each sentence and choose the one that best shows the meaning. (2 points)

CD3-06

3 ① ② ③ ④

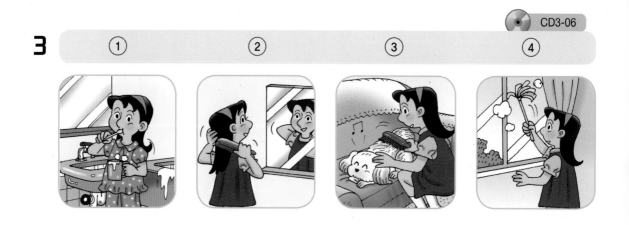

CD3-07

4   ① ② ③ ④

CD3-08

5   ① ② ③ ④

CD3-09

6~9 Listen to each conversation and choose the correct answer for the question. (2 points)

6 Where are the boy and the girl now?

CD3-10

① ② ③ ④

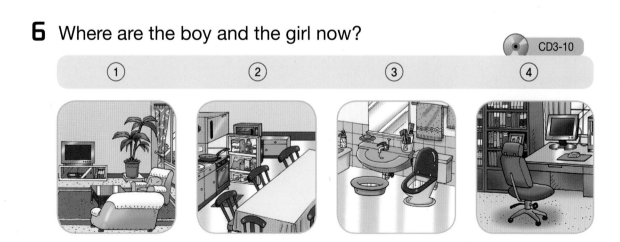

7 What will the girl do after the conversation?

CD3-11

① ② ③ ④

8 What will the weather be like tomorrow?

CD3-12

① ② ③ ④

9 What is the boy's favorite ride?

CD3-13

① ② ③ ④

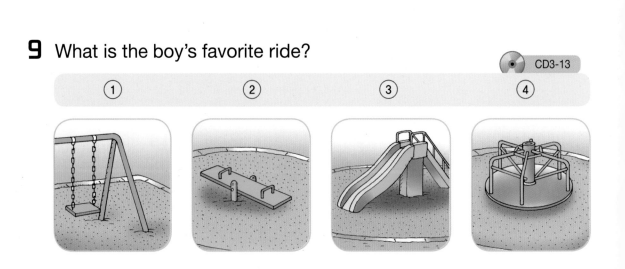

CD3-14

10~14 Listen to each conversation and the following question.
Then choose the correct answer. (4 points)

CD3-15

10 ① ② ③ ④

CD3-16

11 ① ② ③ ④

CD3-17

12 ① ② ③ ④

Listening Part

CD3-18

13   ①   ②   ③   ④

CD3-19

14   ①   ②   ③   ④

CD3-20

15~16   Listen and choose the one that best shows what you hear.
(3 points)

CD3-21

15   ①   ②   ③   ④

CD3-22

16

① ② ③ ④

CD3-23

17~20 Listen to each conversation and choose the correct answer for the question. (3 points)

17 Who is the woman talking to now?

CD3-24

① A waiter

② A driver

③ A mailman

④ A salesclerk

18 Where are the man and the woman now?

CD3-25

① At a bank

② At a restaurant

③ At a police station

④ At a movie theater

Listening Part

19 Why can the boy NOT keep a puppy?

① It is too young.

② His mother doesn't like it.

③ He won't take good care of it.

④ His house is not big enough to keep it.

20 How many roses will the girl have?

① 1

② 2

③ 10

④ 11

21~25 Listen to each conversation and choose the best response to the last person's comment. (4 points)

21

① Yes, I am.

② Yes, they are.

③ No, it doesn't.

④ No, we couldn't.

22

① Me, too.

② The sky is blue.

③ I like rainy days.

④ Look at the people.

23

① Alright, I will.

② I like beans a lot.

③ No, I didn't go there.

④ The show finishes at eight.

24

① How nice you are!

② My mom taught me.

③ Let's do something fun.

④ I baked cookies for you.

25

① Ten years old.

② At eight thirty.

③ For a long time.

④ At the nearest bus stop.

CD3-34

 Look at the following chart or picture. Then choose the correct answer for each question. (3 points)

CD3-35

26 Listen and choose the one that does NOT match the chart.

Kelly's Family		
Father	A teacher	
Mother	A nurse	
Brother	A fire fighter	
Sister	A flight attendant	

① ② ③ ④

CD3-36

27 Listen and choose the one that matches the information.

① ② ③ ④

CD3-37

28 Listen and choose the one that does NOT match the two pictures. (4 points)

CD3-38

① ② ③ ④

CD3-39

29~31 Listen to each of the four short conversations and choose the one that does NOT sound natural. (3 points)

CD3-40

29 ① ② ③ ④

CD3-41

30 ① ② ③ ④

CD3-42

31 ① ② ③ ④

CD3-43

32~33 Listen to the conversation and choose the correct answer for each question. (4 points)

CD3-44

32 Who does Mr. Watson want to speak to?

① The girl

② The girl's aunt

③ The girl's sister

④ The girl's mother

33 Which of the following is true?

① Mr. Watson left a message.

② Mr. Watson cannot call again.

③ Mr. Watson made an important call.

④ Mr. Watson works with Mrs. Monroe.

Reading Part

34~35 Choose the most similar one to the words in the box. (2 points)

34

Tall	Wide	Long

① Size   ② Look   ③ Large   ④ Street

35

Eleventh	Second	Fifth

① Third   ② Tooth   ③ Grade   ④ Minute

36~37 Choose the one that is grammatically incorrect. (2 points)

36

① Let's take a rest.

② You have a nice camera.

③ The dog sleeps in a basket.

④ Mr. Lee went to the party tomorrow.

37

① Tina is ready to go to bed.

② Can I borrow your pencil?

③ The horses is running fast.

④ You should not tell her about this.

38~40 **Choose the one that best completes the conversation. (3 points)**

38
A : June is never (   ) for school.
B : Right. He always comes early.

① late   ② fast   ③ poor   ④ quiet

39
A : (   ) book is this?
B : I think it is Jordan's. Why don't you show it to him?

① Who   ② When   ③ Where   ④ Whose

40
A : I (   ) first prize in the English speaking contest.
B : Congratulations! I'm so proud of you.

① did   ② won   ③ spoke   ④ joined

41~44 **Choose the one that has the most similar meaning to that of the given sentence. (4 points)**

41
What size are your shoes?

① How old are your shoes?
② How big are your shoes?
③ How strong are your shoes?
④ How expensive are your shoes?

42 I have a question about Jake.

① Jake doesn't know me.

② I will ask Jake about it.

③ I want to ask about Jake.

④ Jake has a lot of questions.

43 You should return the money to Sam.

① It is Sam's turn now.

② Sam found the money.

③ You should meet Sam again.

④ You should give the money back to Sam.

44 Mia spent a week traveling around Italy.

① Mia went to Italy a week ago.

② Mia learned Italian for a week.

③ Mia traveled around Italy for a week.

④ Mia met an Italian traveler a week ago.

45~47   Choose the one that best completes the conversation. (4 points)

45

A : Where can I take the subway?
B : There's a subway station on Pine Street.
A : How can I get there?
B : Turn right at the corner over there and go straight.
A : _____
B : Yes, it's near here.

① Can I walk there?

② How far do you live?

③ Can you say that again?

④ How often do you go there?

46

A : Do you live in a house or an apartment?
B : I live in an apartment downtown. How about you?
A : I live in a house with a small garden.
B : Nice. What do you grow in the garden?
A : _____
B : Sounds good.

① I want to be a farmer.

② It's a beautiful garden.

③ My house is very small.

④ I grow some vegetables.

47

A : What time is it?

B : It's 10:05. Why are you asking me? You always wear your watch.

A : Not today. It's not working now.

B : What happened to it?

A : _____

B : You should be more careful.

① I dropped it.

② It works again.

③ I bought a new watch.

④ It looks very expensive.

48~49 **Choose the one that makes a conversation by putting each sentence in the correct order. (4 points)**

48

1. For here or to go?
2. Okay. Here you are.
3. I'll have a tuna sandwich, please.
4. Alright. That'll be two fifty.
5. I will eat here. And a coke, please.

① 3 - 1 - 2 - 4 - 5   ② 3 - 1 - 5 - 4 - 2

③ 3 - 4 - 1 - 2 - 5   ④ 3 - 4 - 5 - 2 - 1

49

1. Thank you for your help.
2. Excuse me, could you help me?
3. It's on the fourth floor. You can take the elevator over there.
4. Of course. What can I do for you?
5. Where is Henry's Toy World? I can't find it.

① 2 - 3 - 1 - 4 - 5   ② 2 - 3 - 4 - 5 - 1

③ 2 - 4 - 3 - 1 - 5   ④ 2 - 4 - 5 - 3 - 1

50~51 **Look at the following schedule and choose the correct answer for each question. (4 points)**

50 What is the earliest show on channel 2?

① News

② A movie

③ A comedy

④ A cooking show

TV Today   Monday, March 16

	Channel 2	Channel 4	Channel 6
10:00 am	**News for Kids** news (30mins.)	**Kids Can Cook** cooking show (60mins.)	
10:30			
11:00			**Lovely Daisy** comedy (60mins.)
11:30			
12:00 pm	**Space Wars** movie (2hrs.)		
12:30			**Kids in Action** quiz show (60mins.)

51 Which of the following is NOT true?

① *Space Wars* starts at 11 am.

② *Kids Can Cook* lasts for an hour.

③ *Kids in Action* is an action movie.

④ *Lovely Daisy* is shown on channel 6.

52~55 **Read the following passage and choose the correct answer for each question. (4 points)**

(52~53)

From: Fiona Berry (sweetberry@email.net)
To: Lloyd Bloom (lloyd0829@email.net)
Subject: Will you come to our school festival?

Dear Lloyd,

Hi! My school will have a school festival. The festival is from Monday to Wednesday next week. I will sing on the stage on the first day of the festival. Will you come to the festival and have fun with me?

Your friend,
Fiona

52 Why did Fiona write the email to Lloyd?

① To thank him

② To ask him for help

③ To give him some advice

④ To invite him to a school event

53 How long will the festival be held?

① For a day

② For two days

③ For three days

④ For a week

(54~55)

> Ralph ran to the hospital right after school. When he got there, he saw a pretty baby girl in his mother's arms. Ralph looked at the baby carefully. He liked her black hair and dark green eyes. Ralph's parents decided to call the baby Joy because they were very happy to have her. Ralph was also very happy because now he has a little sister to play with all the time.

54 What can NOT be known about the baby?

① Her name

② Her birthday

③ Her eye color

④ Her hair color

55 Which of the following is true?

① Ralph has an older sister.

② Ralph hasn't met the baby yet.

③ Ralph wasn't happy with the baby.

④ Ralph's parents named the baby Joy.

Writing Part

Look at the following picture and write **ONE** of the given words to complete the conversation. (4 points)

1

ex post, card, stamp, letter

A : May I help you?

B : Yes, I'd like to buy a [　　　　　] .

2

ex pump, jump, hope, slope

A : What do you usually do for exercise?

B : I [　　　　　] rope every morning.

3~4 Look at the following and write <u>ONE</u> of the given words to complete the passage. (4 points)

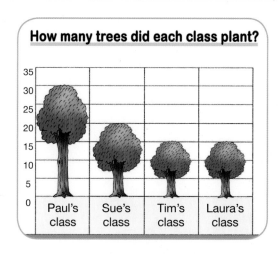

How many trees did each class plant?

Four classes got together and planted trees on April 5th. This graph shows the number of trees each class planted. Paul's class planted (3) trees than the other classes did. Sue's class planted the second most trees of all. Tim's class planted as many trees (4) Laura's class did.

3 | *ex* more, less, most, least

4 | *ex* for, as, than, to

5 Look at the following picture and fill in each blank with <u>ONE</u> of the given words to complete the conversation.

ex coat, socks, put, boots, close, give

A : It's cold outside. Why don't you _____ on your _____?

B : I guess I should. Thanks.

THE END

Writing Part

실전모의고사

Listening Part

CD3-46

1~2 Listen to the words and choose the one that is different from the others. (2 points)

CD3-47

1   ① ② ③ ④

CD3-48

2   ① ② ③ ④

CD3-49

3~5 Listen to each sentence and choose the one that best shows the meaning. (2 points)

CD3-50

3   ① ② ③ ④

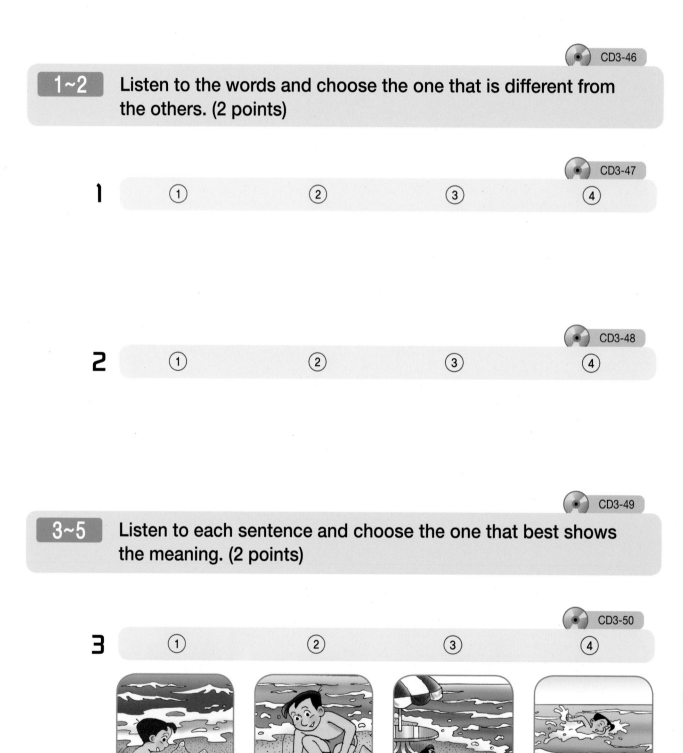

CD3-51

4   ① ② ③ ④

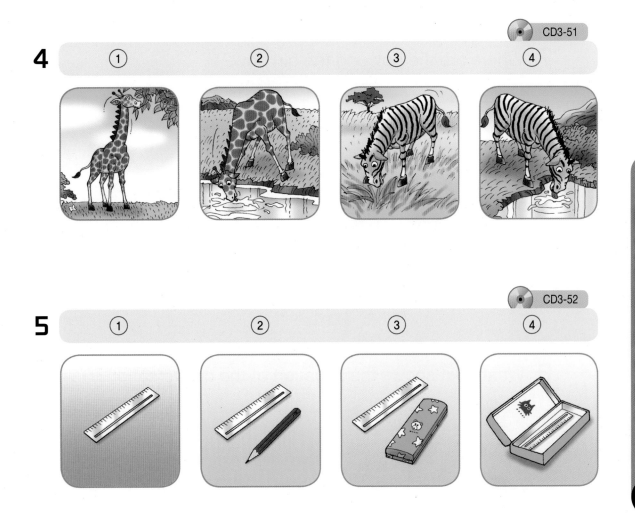

CD3-52

5   ① ② ③ ④

CD3-53

6~9   Listen to each conversation and choose the correct answer for the question. (2 points)

6 What will the girl do tomorrow?

CD3-54

① ② ③ ④

7 Where are the boy and the girl now?

CD3-55

8 What best shows the situation of the conversation?

CD3-56

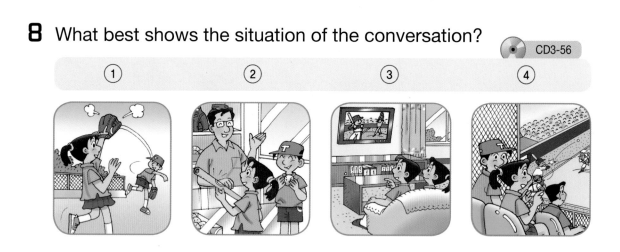

9 Which transportation did the boy NOT use during his trip to Jeju Island?

CD3-57

CD3-58

10~14 Listen to each conversation and the following question.
Then choose the correct answer. (4 points)

CD3-59

10 ① ② ③ ④

CD3-60

11 ① ② ③ ④

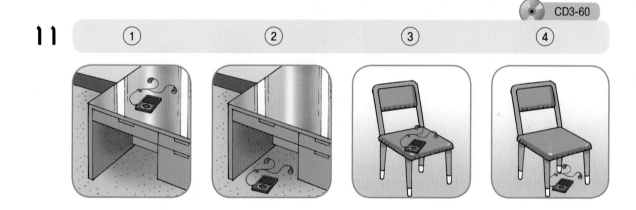

CD3-61

12 ① ② ③ ④

CD3-62

13 ① ② ③ ④

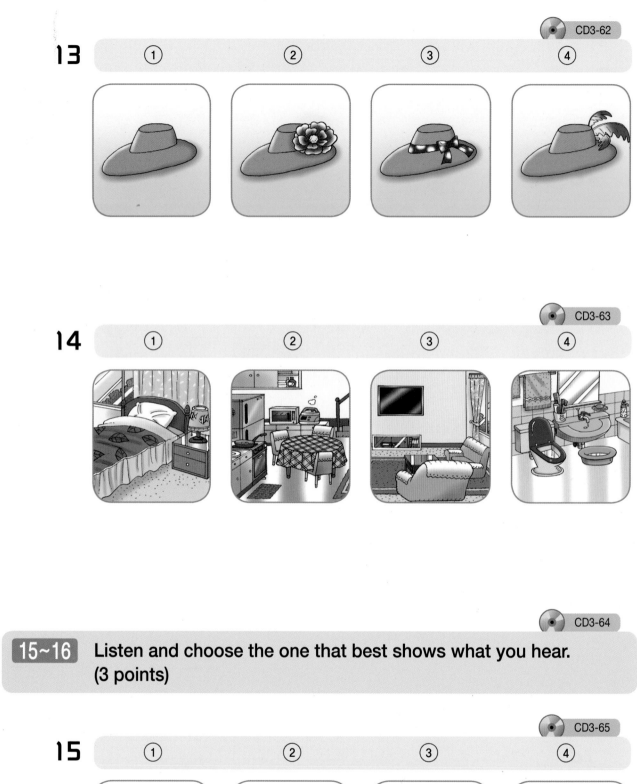

CD3-63

14 ① ② ③ ④

CD3-64

15~16 Listen and choose the one that best shows what you hear. (3 points)

CD3-65

15 ① ② ③ ④

16
① ② ③ ④

17~20 Listen to each conversation and choose the correct answer for the question. (3 points)

17 Who is the woman talking to now?

① John's father
② John's doctor
③ John's brother
④ John's teacher

18 What did the girl NOT do at the summer camp?

① Go hiking
② Make a tent
③ Learn to swim
④ Meet new friends

19 What time will the concert start?

① At 1:00

② At 1:30

③ At 2:00

④ At 2:30

20 Why will the boy go home during the lunch break?

① He should rest at home.

② He should bring his bicycle.

③ He should have lunch at home.

④ He should bring his homework.

21~25 Listen to each conversation and choose the best response to the last person's comment. (4 points)

21

① Yes, I do.

② No, I'm not.

③ Yes, you are.

④ No, you don't.

22

 CD3-74

① I like tennis.

② I saw your picture.

③ I am a sports player.

④ I want to play with you.

23

 CD3-75

① Every weekend.

② With my friends.

③ To the mountain.

④ Maybe next time.

24

 CD3-76

① Last night.

② For five years.

③ From a violinist.

④ Five lessons a week.

25

CD3-77

① Alright, I'll try.

② Sure, I'll tell him.

③ Okay, I'll talk louder.

④ Well, I'll call you soon.

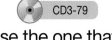

CD3-78

26~27 Look at the following chart or picture. Then choose the correct answer for each question. (3 points)

CD3-79

26 Listen and choose the one that matches the graph.

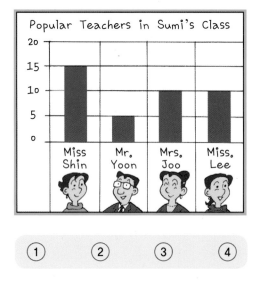

① ② ③ ④

CD3-80

27 Listen and choose the one that does NOT match the ad.

① ② ③ ④

CD3-81

28 Listen and choose the one that does NOT match the two pictures. (4 points)

CD3-82

① ② ③ ④

CD3-83

29~31 Listen to each of the four short conversations and choose the one that does NOT sound natural. (3 points)

CD3-84

29 ① ② ③ ④

CD3-85

30 ① ② ③ ④

CD3-86

31 ① ② ③ ④

CD3-87

32~33 Listen to the conversation and choose the correct answer for each question. (4 points)

CD3-88

32 Where are the boy and the woman now?

① At a toy shop

② At a pet shop

③ At a shoe shop

④ At a clothing shop

33 How much will the boy pay?

① $10

② $20

③ $30

④ $40

Listening Part

Reading Part

34~35 Choose the most similar one to the words in the box. (2 points)

34

Dentist	Singer	Pilot

① Work   ② Plane   ③ Farmer   ④ Mother

35

Smell	Eat	Drink

① Taste   ② Cookie   ③ Kitchen   ④ Delicious

36~37 Choose the one that is grammatically incorrect. (2 points)

36

① I will be there soon.

② The shirt is too big for me.

③ You are good at playing chess.

④ She don't have the key with her.

37

① It is time to go to bed.

② Billy likes to dance with me.

③ We went on a picnic last weekend.

④ There are three apple in the basket.

38~40 Choose the one that best completes the conversation. (3 points)

38
A : (   ) notebook is this?
B : I think it's Larry's notebook.

① Who   ② How   ③ Whose   ④ Where

39
A : Be careful. The tea is (   ).
B : Thanks. I'll wait until it gets cool.

① hot   ② cold   ③ salty   ④ sweet

40
A : I need to buy a dress for the party.
B : Me, too. Let's go (   ) together.

① fishing   ② jogging   ③ bowling   ④ shopping

41~44 Choose the one that has the most similar meaning to that of the given sentence. (4 points)

41
I walk to school.

① I go to school on foot.

② I go to school on time.

③ I wear new shoes at school.

④ My school is near my house.

42 Parker is my last name.

① My family name is Parker.

② Parker is my friend's name.

③ I know the name of the park.

④ Mr. Parker called me last night.

43 Let's enter the museum.

① Let's leave the museum.

② We like visiting the museum.

③ Shall we get into the museum?

④ What will we see at the museum?

44 Miss Ling is my science teacher.

① I learn science from Miss Ling.

② Miss Ling is a famous scientist.

③ I study science without Miss Ling.

④ Miss Ling and I teach science together.

Reading Part

45~47 **Choose the one that best completes the conversation. (4 points)**

45

A : I'm not feeling well.
B : What's wrong with you?
A : I think I have a cold.
B : That's too bad. Have you seen a doctor?
A : _____
B : I really think you should.

① Not yet.

② You're wrong.

③ I'm not a doctor.

④ I've seen it before.

46

A : May I help you?
B : I'd like to send this letter to Daejeon.
A : Regular or express mail?
B : Express mail, please. When will it arrive?
A : _____
B : That's good.

① I sent it yesterday.

② He will arrive soon.

③ The letter is for you.

④ It'll get there tomorrow.

47

A : Will you come over and have dinner with me in my house?

B : I'd love to. Do you want me to bring anything?

A : Nothing. Just come and enjoy.

B : Thanks. What's for dinner, by the way?

A : _____

B : Really? I love it so much.

① I'll prepare chicken.

② You can bring your friend.

③ We'll eat out at a restaurant.

④ I enjoy having dinner with you.

48~49 Choose the one that makes a conversation by putting each sentence in the correct order. (4 points)

48

1. Just water will be fine.
2. Yes, I'd like a T-bone steak and baked potato, please.
3. Alright. Your meal will be ready soon.
4. Would you like something to drink?
5. Are you ready to order?

① 5 - 2 - 4 - 1 - 3   ② 5 - 2 - 1 - 4 - 3

③ 5 - 4 - 1 - 2 - 3   ④ 5 - 4 - 2 - 1 - 3

49

> 1. Okay. Is that all?
> 2. Eddie, will you go get some eggs for me?
> 3. A dozen will be enough. And I need some milk, too.
> 4. I think so. Here's the money.
> 5. Sure. How many eggs do you need?

① 2 - 3 - 5 - 1 - 4   ② 2 - 3 - 5 - 4 - 1

③ 2 - 5 - 3 - 1 - 4   ④ 2 - 5 - 4 - 3 - 1

50~51 Look at the following invitation and choose the correct answer for each question. (4 points)

50 Who are John and Martha?

① Emma's parents

② Emma's grandparents

③ Emma's uncle and aunt

④ Emma's brother and sister

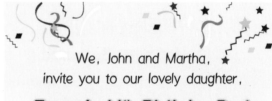

We, John and Martha, invite you to our lovely daughter,

Emma's 11ᵗʰ Birthday Party

On Saturday, June 13ᵗʰ
From 1 pm
In the garden of our house

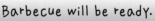
Barbecue will be ready.

51 Which of the following is NOT true?

① The guests will have a barbecue.

② The party is for Emma's birthday.

③ The party will start in the morning.

④ The party will be held in the garden.

52~55 Read the following passage and choose the correct answer for each question. (4 points)

(52~53)

Kelly's Diary   June 14, 2015

I got a haircut today. Actually, I didn't want to get my haircut because I loved my long hair. But, Mom made me do it! I cried when the hair stylist cut my hair. After she finished her job, I looked into the mirror. My hair got much shorter, but it didn't look so bad. Honestly, I like it very much! I think changes are sometimes enjoyable.

52 How did Kelly's feelings change?

① Sad → Glad

② Angry → Sad

③ Surprised → Angry

④ Happy → Surprised

53 Who cut Kelly's hair?

① Herself

② Her friend

③ Her mother

④ A hair stylist

(54~55)

> Jasmine loves going to Sunshine Restaurant. She goes to the restaurant to have lunch every Sunday. She likes all the food there, but especially she enjoys the chocolate cake as dessert. It is very sweet and not expensive. Jasmine likes the waiters and cooks of the restaurant and they love Jasmine, too. So, she gets free salad every time she goes there. Every year, she has her birthday party in the restaurant and invites her friends over to have dinner together.

54 How often does Jasmine go to Sunshine Restaurant?

① Once a day

② Once a week

③ Once a month

④ Once a year

55 What can be known about Sunshine Restaurant?

① It is open on Sundays.

② It has only one kind of dessert.

③ Its chocolate cake is very famous.

④ It has more than 10 waiters and cooks.

Reading Part

Writing Part

Look at the following picture and write <u>ONE</u> of the given words to complete the conversation. (4 points)

1

ex   horse, cat, dog,
      monkey

A : What kind of pet do you have?

B : I have a _____ .

2

ex   brushing, brush,
      brushed, brushes

A : Where are you, Sheila?

B : I am _____ my hair in my room.

3~4 Look at the following and write **ONE** of the given words to complete the passage. (4 points)

Ashley is having a yard sale in the front yard of her house. Now there are five items. The most expensive item is the (3). The second most expensive one is the lamp. The cap is as expensive as the bag. Lastly, the doll is (4) than the other four items.

3 | ex | bat, watch, robot, clock

4 | ex | cheaper, cheapest, cheap, more

Writing Part

5 Look at the following picture and fill in each blank with **ONE** of the given words to complete the conversation. (4 points)

| ex | take, lamb, ride, have, horse, fox

A : What do you like to do best?

B : I like to _____ a _____ best.

THE END

과제 번호	실전모의고사 1회

TOPEL Jr. 답안지

감독위원 확인
㉑

이름	

[유의사항]
1. 답란을 포함한 모든 표기사항은 반드시 컴퓨터용 연필을 사용해야 합니다.
2. 표기가 잘못되었을 경우는 지우개로 깨끗이 지운 후 다시 칠하십시오.
3. 모든 표기요령은 아래와 같이 원 안을 까맣게 칠해야 합니다.
4. 응시자의 답안지 기재 오류로 인한 불이익은 책임지지 않습니다.

지역코드 4 3
검정장코드 0 2
응시번호 1 0 0 0 1

본인확인
본인의 이름을 자필로 쓰시오.

◆ 해당 문제 답란의 ① ② ③ ④중에서 정답의 번호를 골라 아래 예시와 같이 까맣게【●】칠하시오.
 * 예시 : ① ② ③ ④중에서 ②가 정답일 경우 : ① ● ③ ④

문제번호	답 란	문제번호	답 란	문제번호	답 란
1	①②③④	21	①②③④	41	①②③④
2	①②③④	22	①②③④	42	①②③④
3	①②③④	23	①②③④	43	①②③④
4	①②③④	24	①②③④	44	①②③④
5	①②③④	25	①②③④	45	①②③④
6	①②③④	26	①②③④	46	①②③④
7	①②③④	27	①②③④	47	①②③④
8	①②③④	28	①②③④	48	①②③④
9	①②③④	29	①②③④	49	①②③④
10	①②③④	30	①②③④	50	①②③④
11	①②③④	31	①②③④	51	①②③④
12	①②③④	32	①②③④	52	①②③④
13	①②③④	33	①②③④	53	①②③④
14	①②③④	34	①②③④	54	①②③④
15	①②③④	35	①②③④	55	①②③④
16	①②③④	36	①②③④		
17	①②③④	37	①②③④		
18	①②③④	38	①②③④		
19	①②③④	39	①②③④		
20	①②③④	40	①②③④		

쓰 기 문 제 (1번 ~ 5번)

1	0	1	2	3	4
2	0	1	2	3	4
3	0	1	2	3	4
4	0	1	2	3	4
5	0	1	2	3	4

답안지 작성 요령

▶ 과제 번호, 이름, 지역코드, 검정장코드, 응시번호는 자동마킹되어 있습니다.
▶ 본인의 인적사항과 일치하는지 확인 후 본인확인란에 자필로 이름을 쓰세요.

과제 번호	실전모의고사 2회

TOPEL Jr. 답안지

이름

[유의사항]

1. 답란을 포함한 모든 표기사항은 반드시 컴퓨터용 연필을 사용해야 합니다.
2. 표기가 잘못되었을 경우는 지우개로 깨끗이 지운 후 다시 칠하십시오.
3. 모든 표기요령은 아래와 같이 원 안을 까맣게 칠해야 합니다.
4. 응시자의 답안지 기재 오류로 인한 불이익은 책임지지 않습니다.

지역코드		검정장코드		응시번호				
4	3	0	2	1	0	0	0	1

본인확인

본인의 이름을 자필로 쓰시오.

◆ 해당 문제 답란의 ① ② ③ ④중에서 정답의 번호를 골라 아래 예시와 같이 까맣게【●】칠하시오.
  * 예시 : ① ② ③ ④중에서 ②가 정답일 경우 : ① ● ③ ④

문제번호	답 란	문제번호	답 란	문제번호	답 란
1	①②③④	21	①②③④	41	①②③④
2	①②③④	22	①②③④	42	①②③④
3	①②③④	23	①②③④	43	①②③④
4	①②③④	24	①②③④	44	①②③④
5	①②③④	25	①②③④	45	①②③④
6	①②③④	26	①②③④	46	①②③④
7	①②③④	27	①②③④	47	①②③④
8	①②③④	28	①②③④	48	①②③④
9	①②③④	29	①②③④	49	①②③④
10	①②③④	30	①②③④	50	①②③④
11	①②③④	31	①②③④	51	①②③④
12	①②③④	32	①②③④	52	①②③④
13	①②③④	33	①②③④	53	①②③④
14	①②③④	34	①②③④	54	①②③④
15	①②③④	35	①②③④	55	①②③④
16	①②③④	36	①②③④		
17	①②③④	37	①②③④		
18	①②③④	38	①②③④		
19	①②③④	39	①②③④		
20	①②③④	40	①②③④		

쓰 기 문 제 (1번 ~ 5번)

	0	1	2	3	4
1					
2					
3					
4					
5					

LEVEL Test · **NELSA** National Evaluation of Language skill Association

TOPEL Jr. 답안지

과제 번호	실전모의고사 3회

이름

[유의사항]
1. 답란을 포함한 모든 표기사항은 반드시 컴퓨터용 연필을 사용해야 합니다.
2. 표기가 잘못되었을 경우는 지우개로 깨끗이 지운 후 다시 칠하십시오.
3. 모든 표기요령은 아래와 같이 원 안을 까맣게 칠해야 합니다.
4. 응시자의 답안지 기재 오류로 인한 불이익은 책임지지 않습니다.

감독위원 확인
㊞

지역코드 4 3
검정장코드 0 2
응시번호 1 0 0 0 1

본인확인
본인의 이름을 자필로 쓰시오.

◆ 해당 문제 답란의 ① ② ③ ④중에서 정답의 번호를 골라 아래 예시와 같이 까맣게【●】칠하시오.
  * 예시 : ① ② ③ ④중에서 ②가 정답일 경우 : ① ● ③ ④

문제번호	답 란	문제번호	답 란	문제번호	답 란
1	①②③④	21	①②③④	41	①②③④
2	①②③④	22	①②③④	42	①②③④
3	①②③④	23	①②③④	43	①②③④
4	①②③④	24	①②③④	44	①②③④
5	①②③④	25	①②③④	45	①②③④
6	①②③④	26	①②③④	46	①②③④
7	①②③④	27	①②③④	47	①②③④
8	①②③④	28	①②③④	48	①②③④
9	①②③④	29	①②③④	49	①②③④
10	①②③④	30	①②③④	50	①②③④
11	①②③④	31	①②③④	51	①②③④
12	①②③④	32	①②③④	52	①②③④
13	①②③④	33	①②③④	53	①②③④
14	①②③④	34	①②③④	54	①②③④
15	①②③④	35	①②③④	55	①②③④
16	①②③④	36	①②③④		
17	①②③④	37	①②③④		
18	①②③④	38	①②③④		
19	①②③④	39	①②③④		
20	①②③④	40	①②③④		

쓰기문제 (1번 ~ 5번)

1 0 1 2 3 4

2 0 1 2 3 4

3 0 1 2 3 4

4 0 1 2 3 4

5 0 1 2 3 4

TOPEL Jr. 답안지

과제 번호	실전모의고사 4회

감독위원 확인

㊞

이름

[유의사항]

1. 답란을 포함한 모든 표기사항은 반드시 컴퓨터용 연필을 사용해야 합니다.
2. 표기가 잘못되었을 경우는 지우개로 깨끗이 지운 후 다시 칠하십시오.
3. 모든 표기요령은 아래와 같이 원 안을 까맣게 칠해야 합니다.
4. 응시자의 답안지 기재 오류로 인한 불이익은 책임지지 않습니다.

지역코드 4 3
검정장코드 0 2
응시번호 1 0 0 0 1

본인확인
본인의 이름을
자필로 쓰시오.

◆ 해당 문제 답란의 ① ② ③ ④중에서 정답의 번호를 골라 아래 예시와 같이 까맣게【●】칠하시오.
 * 예시 : ① ② ③ ④중에서 ②가 정답일 경우 : ① ● ③ ④

문제번호	답 란	문제번호	답 란	문제번호	답 란
1	① ② ③ ④	21	① ② ③ ④	41	① ② ③ ④
2	① ② ③ ④	22	① ② ③ ④	42	① ② ③ ④
3	① ② ③ ④	23	① ② ③ ④	43	① ② ③ ④
4	① ② ③ ④	24	① ② ③ ④	44	① ② ③ ④
5	① ② ③ ④	25	① ② ③ ④	45	① ② ③ ④
6	① ② ③ ④	26	① ② ③ ④	46	① ② ③ ④
7	① ② ③ ④	27	① ② ③ ④	47	① ② ③ ④
8	① ② ③ ④	28	① ② ③ ④	48	① ② ③ ④
9	① ② ③ ④	29	① ② ③ ④	49	① ② ③ ④
10	① ② ③ ④	30	① ② ③ ④	50	① ② ③ ④
11	① ② ③ ④	31	① ② ③ ④	51	① ② ③ ④
12	① ② ③ ④	32	① ② ③ ④	52	① ② ③ ④
13	① ② ③ ④	33	① ② ③ ④	53	① ② ③ ④
14	① ② ③ ④	34	① ② ③ ④	54	① ② ③ ④
15	① ② ③ ④	35	① ② ③ ④	55	① ② ③ ④
16	① ② ③ ④	36	① ② ③ ④		
17	① ② ③ ④	37	① ② ③ ④		
18	① ② ③ ④	38	① ② ③ ④		
19	① ② ③ ④	39	① ② ③ ④		
20	① ② ③ ④	40	① ② ③ ④		

쓰기문제 (1번 ~ 5번)

	0	1	2	3	4
1					
2					
3					
4					
5					

Level Up

TOPEL Jr.

정답 및 해설

Answers & Explanations

*URIS

정답 및 해설

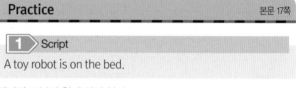

유형 분석 & 연습문제 0

Section 1 — Listening Part

Listening Type 01

Sample
본문 14쪽

Script			정답 ②
① A tooth	② A hat	③ A nose	④ A mouth
① 이	② 모자	③ 코	④ 입

Practice
본문 15쪽

1 Script

① Twenty	② Thirty	③ Forty	④ Many
① 20	② 30	③ 40	④ 많은

정답 ④

2 Script

① Korea	② Japan	③ Country	④ China
① 한국	② 일본	③ 나라	④ 중국

정답 ③

3 Script

① Yellow	② Brown	③ Color	④ Purple
① 노랑	② 갈색	③ 색깔	④ 보라

정답 ③

4 Script

① Orange	② Apple	③ Grape	④ Fresh
① 오렌지	② 사과	③ 포도	④ 신선한

정답 ④

Listening Type 02

Sample
본문 16쪽

Script	정답 ②

A man is reading a newspaper.

한 남자가 신문을 읽고 있다.

- read ~을 읽다
- newspaper 신문

Practice
본문 17쪽

1 Script

A toy robot is on the bed.

장난감 로봇이 침대 위에 있다.

- toy 장난감
- on ~ 위에
- bed 침대

정답 ②

2 Script

An eagle is flying in the sky.

독수리 한 마리가 하늘을 날고 있다.

- eagle 독수리
- fly 날다
- sky 하늘

정답 ④

3 Script

The leaves are falling from the tree.

나뭇잎들이 나무에서 떨어지고 있다.

- leaf 나뭇잎 (복수 leaves)
- fall 떨어지다
- tree 나무

정답 ③

Listening Type 03

Sample
본문 18쪽

> **Script**   정답 ②
>
> G: What do you want to be when you grow up?
> B: I want to be a doctor. How about you?
> G: My dream is to become a doctor, too. But not just a doctor, an animal doctor!
> B: Oh, I didn't know you like animals.
> G: Sure, I do. I love animals!

소녀: 너 자라서 뭐가 되고 싶어?
소년: 나는 의사가 되고 싶어. 너는 어때?
소녀: 내 꿈도 의사가 되는 거야. 하지만 그냥 의사가 아니고 동물 의사!
소년: 오, 난 네가 동물 좋아하는 거 몰랐어.
소녀: 정말, 좋아해. 나는 동물을 사랑한다니까!

• grow up   자라다, 어른이 되다
• How about you?   너는 어때? (= What about you?)
• dream   꿈, 희망
• become   ~이 되다
• just   단지
• Sure.   그럼., 그래.

Practice
본문 19쪽

> **1 ▷ Script**
>
> W: Gary, what are you doing?
> B: I'm reading a book, Mom.
> W: I can see that. But you're lying on the bed.
> B: What's wrong with it?
> W: It's very bad for your eyes.

여자: Gary, 너 뭐하고 있니?
소년: 저는 책을 읽고 있어요, 엄마.
여자: 나도 그것은 보여. 하지만 너 침대에 누워있잖아.
소년: 그게 뭐 잘못 되었나요?
여자: 그것은 너의 눈에 아주 나빠.

• lie   눕다
• wrong   잘못된, 틀린
• be bad for ~   ~에 나쁘다

정답 ③

> **2 ▷ Script**
>
> G: Excuse me, I'd like to buy a book.
> M: That'll be 15 dollars.
> G: How much is this newspaper, then?
> M: It's one dollar.
> G: I'll buy that, too.

소녀: 실례합니다, 책 한 권 사려고요.
남자: 15달러 되겠습니다.
소녀: 그럼 이 신문은 얼마죠?
남자: 그건 1달러예요.
소녀: 그것도 살게요.

• I'd like to ~.   ~ 하고 싶습니다.
• How much ~?   ~은 얼마죠?
• newspaper 신문
• then   그러면
• too   역시, 또한

정답 ③

> **3 ▷ Script**
>
> B: What are you going to do this weekend?
> G: My family will have a birthday party for my mom.
> B: That's nice. What will you do at the party?
> G: We're going to sing for her, give her presents and have a big dinner together.
> B: Sounds great. Have fun!

소년: 너 이번 주말에 뭐 할 거니?
소녀: 우리 가족은 엄마 생일 파티를 열 거야.
소년: 와 멋지다. 너는 파티에서 뭘 할 거지?
소녀: 우리는 엄마를 위해 노래도 부르고 선물도 드리고 거하게 저녁도 같이 먹을 거야.
소년: 참 멋있게 들린다. 즐겁게 보내!

• be going to ~   ~할 예정이다
• this weekend   이번 주말에
• have a birthday party   생일 파티를 열다
• have fun   즐거운 시간을 보내다

정답 ③

Listening Type 04

Sample
본문 20쪽

> **Script**   정답 ②
>
> G: Do you know Ashley? She is a new student in my class.
> B: I'm not sure. What does she look like?
> G: She has short hair and wears glasses.
> B: Is she tall?
> G: Yes. She is very tall.
> *Q. What does Ashley look like?*

소녀: 너 Ashley 아니? 그녀는 우리반에 새로 들어온 학생인데.
소년: 잘 모르겠는데. 어떻게 생겼는데?
소녀: 머리는 짧고 안경을 썼어.

소년: 키가 크니?
소녀: 응. 아주 키가 커.
Q. Ashley는 외모가 어떤가요?

• I'm not sure.   잘 모르겠어.
• look like ~   ~처럼 보이다
• wear   (몸에) 착용하다
• glasses   안경

Practice

본문 21쪽

1 Script

B: Wow! Look at this painting.
G: Let me see. Wow! It's like a real photo.
B: The flowers look real, so butterflies may try to sit on them.
G: Yeah, it might happen.
B: All the paintings here are really beautiful.
Q. *Where are the boy and the girl probably now?*

소년: 와! 이 그림 좀 봐.
소녀: 어디 볼까. 와! 이거 진짜 사진 같네.
소년: 꽃들이 진짜처럼 보여서 나비들이 그 위에 앉으려 할지도 모르겠네.
소녀: 맞아. 그런 일이 일어날지도 모르겠다.
소년: 여기 있는 그림들 모두가 정말 아름답구나.
Q. 소년과 소녀는 아마도 지금 어디에 있을까요?

• look at ~   ~을 보다
• painting   그림
• like   ~ 같은
• real   진짜의
• photo   사진
• look   ~처럼 보이다
• may   ~일지도 모른다
• try to ~   ~하려고 시도하다
• might   ~일지도 모른다
• happen   (일이) 일어나다
• probably   아마도

정답 ③

2 Script

G: Do you have any plans for this winter vacation?
B: Not really. How about you?
G: My family will visit my grandma in Japan.
B: That's exciting! Will you go there by plane?
G: We did last year, but we'll take a ship this time.
Q. *How will the girl's family go to Japan?*

소녀: 너 이번 겨울 방학을 위한 계획이 있니?
소년: 별다른 것은 없는데. 너는?
소녀: 우리 가족은 일본에 계신 할머니를 방문할 계획이야.

소년: 그거 신나는 일이구나! 거기에 비행기로 갈 거니?
소녀: 작년에는 그렇게 했는데 이번에는 배를 탈 거야.
Q. 소녀의 가족은 일본에 어떻게 갈까요?

• plan   계획
• vacation   방학, 휴가
• exciting   신나는
• by plane   비행기로
• last year   작년에
• take   (교통수단을) 타다
• this time   이번에는

정답 ③

3 Script

G: What are you looking for?
B: My keys. I thought I put them on the desk, but they're not there.
G: How about your jacket or bag? Did you check them, too?
B: Yes, but I couldn't find them... Look! They're on the floor under the desk.
G: You surely dropped them. You should be more careful.
Q. *Where are the boy's keys now?*

소녀: 너 무엇을 찾고 있니?
소년: 내 열쇠들을 찾아. 그것들을 책상 위에 놓아두었다고 생각했는데, 거기에 없네.
소녀: 네 재킷이나 가방은? 그것들도 확인해 봤니?
소년: 응, 그렇지만 열쇠를 찾지 못했어. 봐! 그것들이 책상 밑의 바닥에 있네.
소녀: 너가 틀림없이 그것들을 떨어뜨렸구나. 좀 더 조심해야겠다.
Q. 소년의 열쇠들은 지금 어디에 있나요?

• look for ~   ~을 찾다
• think   생각하다 (think-thought-thought)
• put 놓다, 두다 (put-put-put)
• there   거기에
• check   확인하다
• couldn't   ~할 수 없었다 (can't의 과거형)
• find   발견하다
• floor   바닥
• under   ~밑에
• surely   틀림없이, 확실히
• drop   떨어뜨리다 (drop-dropped-dropped)
• should   ~해야 한다
• more careful   더욱 조심하는

정답 ④

Listening Type 05

Sample
본문 22쪽

Script
정답 ④

(M) This is a very popular sport around the world. Each team has eleven players and the players use a ball. They shouldn't use their hands, but they can run and kick a ball. Can you guess what sport this is?

이것은 전 세계적으로 아주 인기 있는 스포츠입니다. 각 팀에는 11명의 선수들이 있는데 그들은 한 개의 공을 사용합니다. 그들은 손을 써서는 안 되지만 달리거나 공을 찰 수는 있습니다. 당신은 이것이 어떤 스포츠인지 알아맞힐 수 있나요?

• popular   인기 있는
• around the world   전 세계적으로
• each   각각의
• use   사용하다
• shouldn't   ~ 해서는 안 된다
• kick   차다
• guess   알아맞히다, 추측하다

Practice
본문 23쪽

Script

(M) This is usually built over a river. It helps people or cars cross the river easily. This is usually long and strong, and sometimes it's very beautiful. So it becomes very famous as a place for tourists.

이것은 대개 강 위에 세워집니다. 이것은 사람이나 차들이 강을 쉽게 건너도록 도와줍니다. 이것은 대개 길고 튼튼하며 가끔은 아주 아름답기도 합니다. 그래서 이것은 관광객들을 위한 장소로 아주 유명해집니다.

• usually   대개, 주로
• be built   세워지다, 건설되다
• over   ~위에
• cross   건너다, 횡단하다
• easily   쉽게
• sometimes   가끔
• become   ~되다
• famous   유명한
• as   ~로서
• place   장소
• tourist   관광객

정답 ①

2 > Script

(W) I often come here after school. There are many books here. There are many people, too. But it's very quiet here. Some people study at large tables. I read books here, and also I can take some books to my house for a few days. I really love this place.

나는 종종 방과 후에 여기에 온다. 여기에는 책이 많다. 사람들도 많다. 하지만 여기는 아주 조용하다. 일부 사람들은 큰 테이블에서 공부를 한다. 나는 여기에서 책을 읽는데 몇 권의 책을 며칠 동안 집으로 갖고 갈 수도 있다. 나는 이곳을 정말 사랑한다.

• often   종종
• after school   방과 후에
• there are + 복수명사   ~들이 있다
• quiet   조용한
• some   일부의, 몇몇의
• take A to B   A를 B로 갖고 가다
• a few   약간의, 조금
• really   정말로
• place   장소

정답 ①

3 > Script

(W) Annie has many friends all over the world. But how can she meet her friends? Annie meets her friends and chats with them using the Internet. Also, she sends and receives e-mails. Thanks to the Internet, she can always know how her friends are doing without visits or phone calls.

Annie는 세계 도처에 많은 친구를 갖고 있습니다. 하지만 그녀가 어떻게 친구들을 만날 수 있을까요? Annie는 인터넷을 사용해서 친구를 만나고 그들과 채팅을 합니다. 또한, 그녀는 이메일을 보내고 받습니다. 인터넷 덕택에, 그녀는 방문하거나 전화를 걸지 않고도 친구들이 어떻게 지내는지 항상 알 수 있습니다.

• all over the world   세계 도처에
• chat   (인터넷으로) 채팅하다
• send   보내다
• receive   받다
• thanks to   ~ 덕택에
• always   항상
• without   ~ 없이
• visit   방문; 방문하다
• phone call   전화 걸기

정답 ④

정답 ④

Listening Type 06

Sample
본문 24쪽

Script
정답 ④

G: Um~! These watermelons look fresh!
M: Yes. And they are very sweet.
G: How much are they?
M: They are 10 dollars each.
G: Please give me two of them.

소녀: 음~! 이 수박들은 신선해 보이네요!
남자: 그렇죠. 그리고 아주 달콤해요.
소녀: 얼마죠?
남자: 하나에 10달러예요.
소녀: 두 개 주세요.

Q. 소녀는 얼마를 지불할까요?
① 2달러 ② 10달러 ③ 12달러 ④ 20달러

• watermelon 수박
• fresh 신선한
• sweet 달콤한
• each 각각, 하나에
• two of them 그들 중 2개

Practice
본문 25쪽

1 ▶ Script

M: May I take your order?
W: Yes. I'd like roast chicken with potato soup, please.
M: Do you need anything to drink with your order?
W: A glass of iced tea, please.
M: Anything else?

남자: 주문하시겠습니까?
여자: 예. 감자 수프를 곁들인 통닭구이 부탁해요.
남자: 주문하신 것과 같이 드실 음료는 필요하신 게 있나요?
여자: 아이스티 한 잔 주세요.
남자: 다른 것은 더 필요하신 거 없나요?

Q. 남자와 여자는 누구입니까?
① 의사 – 간호사 ② 남편 – 아내
③ 교사 – 학생 ④ 웨이터 – 손님

• order 주문; 주문한 음식
• I'd like ~. 나는 ~을 원한다.
• potato 감자
• need 필요하다
• anything to drink 마실 것
• a glass of ~ ~ 한 잔
• iced 차게 식힌, 얼음을 넣은
• else 그 밖의 다른

2 ▶ Script

B: How is your new school?
G: Good. Teachers are great, classmates are friendly and the building is new.
B: Sounds wonderful.
G: But I don't like one thing. The school library is too small.
B: There's nothing perfect.

소년: 너의 새 학교는 어떻니?
소녀: 좋아. 선생님들도 훌륭하시고 급우들도 친절하고 건물도 새 거야.
소년: 잘됐구나.
소녀: 하지만 한 가지 좋지 않은 것이 있어. 학교 도서관이 너무 작아.
소년: 완벽한 것은 없단다.

Q. 소녀가 학교에 대해 좋아하지 않는 것은 무엇인가요?
① 선생님들 ② 급우들
③ 학교 도서관 ④ 학교 건물

• classmate 급우, 반 친구
• friendly 친절한, 우호적인 (cf. friend 친구)
• library 도서관
• too 너무
• nothing 아무것도 ~ 없는
• perfect 완벽한

정답 ③

3 ▶ Script

W: Jack, where are you going?
B: I'm going to Chinese class now. Why?
W: Will you move this box to your room before you leave?
B: Sure, Mom. I can do that now.
W: Thanks.

여자: Jack, 너 어디에 가니?
소년: 저는 지금 중국어 수업 들으러 가요. 왜요?
여자: 떠나기 전에 이 상자 좀 너의 방에 옮겨 놓을래?
소년: 그럴게요, 엄마. 지금 할 수 있어요.
여자: 고맙구나.

Q. 소년이 다음에 할 일은 무엇인가요?
① 상자 옮기기
② 자기 방 치우기
③ 중국 음식 먹기
④ 중국어 수업에 가기

• be going to + 명사 ~로 가고 있다; ~로 갈 예정이다
• Will you ~? 너 ~ 할래?
• move 옮기다
• before ~ 하기 전에
• leave 떠나다

정답 ①

4 ▷ Script

(Rings)
B: Hello, Jenny? This is Mike.
G: Oh, Mike. Hi!
B: I don't think I can see you at 2 pm. I need more time to finish my homework.
G: How about one hour later, then?
B: That would be great. See you then.

(전화벨이 울린다)
소년: 여보세요, Jenny? 나 Mike야.
소녀: 오, Mike. 안녕!
소년: 내가 너를 오후 2시에는 볼 수 없을 것 같아. 숙제를 끝내려면 시간이 더 필요해.
소녀: 그러면 1시간 뒤에는 어떨까?
소년: 그거 좋겠다. 그때 보자.

Q. 소녀는 소년을 몇 시에 만날까요?
① 오후 1시에　　　　　　② 오후 2시에
③ 오후 3시에　　　　　　④ 오후 4시에

• I don't think ~.　나는 ~라고 생각하지 않아.
• pm　오후 (cf. am 오전)
• more　더 많은 (↔ less 더 적은)
• finish　끝내다, 마치다
• hour　시간 (cf. minute 분, second 초)
• then　그러면; 그때
• would　~일 것이다

정답 ③

Listening Type 07

Sample
본문 26쪽

Script　　　　　　　　　　　　정답 ④

G: Hello, Mike? This is Megan.
B: Hi, Megan. What's up?
G: I'm going to the park. Do you want to come along?
B: Sure. Where can we meet?
G: At the bus stop.

소녀: 여보세요, Mike? 나 Megan이야.
소년: 안녕, Megan. 무슨 일이니?
소녀: 나 공원에 가려고 해. 너 같이 갈래?
소년: 그럴게. 어디에서 만날까?
소녀: 버스 정류장에서.

① 11시에.　　　　　　② 무료로.
③ 지하철로.　　　　　④ 버스 정류장에서.

• This is ~.　나는 ~야. 〈전화대화〉
• What's up?　무슨 일이니?
• come along　같이 가다
• for free　무료로, 공짜로
• subway　지하철
• bus stop　버스 정류장

Practice
본문 27쪽

1 ▷ Script

G: How do you go to school?
B: I walk. How about you?
G: I take the school bus.
B: Does the bus stop near your house?
G: Yes, it does.

소녀: 너는 학교에 어떻게 가니?
소년: 나는 걸어 가. 너는?
소녀: 나는 스쿨버스를 타.
소년: 그 버스가 너의 집 근처에 서니?
소녀: 응, 그래.

① 아니, 나는 그렇지 않아.　　② 응, (그것은) 그래.
③ 버스가 더 빨라.　　　　　④ 약 30분 정도.

• go to school　등교하다, 학교에 가다
• walk　걷다
• take　(교통수단을) 타다
• stop　멈추다
• near　~ 가까이
• faster　더 빠른 (fast-faster-fastest)
• half an hour　반 시간, 30분

정답 ②

2 ▷ Script

B: You look happy today.
G: Yes, I am happy.
B: Is there any good news?
G: I won the gold medal in the marathon.
B: Congratulations!

소년: 너 오늘 기분 좋아 보인다.
소녀: 응, 나 기분 좋아.
소년: 좋은 소식이라도 있어?
소녀: 나 마라톤에서 금메달 땄어.
소년: 축하해!

① 축하해!
② 그 말을 들으니 마음이 아프다.
③ 나는 빨리 달린다.
④ 너도 기분이 좋아 보인다.

- Is there ~?   ~이 있니?
- any   어느, 어떤 (부정문, 의문문에서)
- win   (메달) 따다, 우승하다 (win-won-won)
- marathon   마라톤
- Congratulations!   축하해!
- fast   빠른; 빨리
- runner   달리는 사람

정답 ①

3 ▶ Script

G: I got an A on the English exam.
B: I envy you. I try hard, but my English is not getting better.
G: Studying every day is most important.
B: Really? How many hours a day do you study English, then?
G: For three hours.

소녀: 나는 영어 시험에서 A를 받았어.
소년: 네가 부럽다. 나는 열심히 노력하는데 내 영어 실력은 나아지지 않고 있어.
소녀: 매일 매일 공부하는 것이 가장 중요해.
소년: 정말? 그럼 너 하루에 몇 시간 동안 영어를 공부하니?
소녀: 세 시간 동안.

① 영국에서.　　　　　② 내 친구와 함께.
③ 세 시간 동안.　　　④ 라디오를 들어서.

- get an A on ~   ~(시험)에서 A을 받다 (get-got-gotten)
- envy   ~를 부러워하다
- try   노력하다, 해보다
- hard   열심히
- get better   나아지다, 좋아지다
- most   가장
- important   중요한
- a day   하루에
- for   ~ 동안
- by -ing   ~ 함으로써
- listen to ~   ~을 듣다

정답 ③

4 ▶ Script

W: What do you have in your hands?
M: Oh, it's a book. I borrowed it from Will.
W: What is it about?
M: The title is 'The Little Prince.' Have you read it?
W: No, but I think I'll try.

여자: 너 손에 있는 게 뭐니?
남자: 오, 책이야. 나는 그것을 Will에게서 빌렸어.
여자: 무엇에 관한 건데?
남자: 제목은 '어린 왕자'야. 읽어 본 적 있니?

여자: 아니, 하지만 읽어 볼 생각이야.

① 그것을 내게 돌려 줘.
② 아니, 하지만 읽어 볼 생각이야.
③ 나를 '왕자'라고 부르지 마.
④ 응, 나도 거기에 갔어.

- borrow   빌리다 (↔ lend 빌려 주다) (borrow-borrowed-borrowed)
- from   ~로부터
- about   ~에 대한
- title   제목
- little   어린, 작은
- prince   왕자 (cf. princess   공주)
- give A back to B   A를 B에게 돌려 주다
- call A B   A를 B라고 부르다
- go there   거기에 가다

정답 ②

Listening Type 08

Sample　　　본문 28쪽

Script　　　정답 ④

① The cap is the least expensive item.
② The belt is as expensive as the cap.
③ The tie is less expensive than the belt.
④ The bag is more expensive than any other item.

① 모자는 가장 덜 비싼 품목이다.
② 벨트는 모자와 가격이 같다.
③ 넥타이는 벨트보다 덜 비싸다.
④ 가방은 다른 어떤 품목보다도 더 비싸다.

- least   가장 덜, 가장 적게
- expensive   비싼
- item   품목
- as ~ as ...   …만큼 ~한
- less ~ than ...   …보다 덜 ~한
- tie   넥타이 (= necktie)

Practice　　　본문 29쪽

1 ▶ Script

① Ben doesn't have any class on October 3rd.
② Ben's birthday is October 11th.
③ Ben will have his birthday party on Saturday.
④ Ben's class will go on a picnic on Monday.

① Ben은 10월 3일에 전혀 수업이 없다.
② Ben의 생일은 10월 11일이다.
③ Ben은 토요일에 생일 파티를 열 예정이다.
④ Ben의 학급은 월요일에 소풍을 갈 예정이다.

• not ~ any ...   어떤…도 ~아닌
• class   수업; 학급
• go on a picnic   소풍을 가다

정답 ②

2 ▷ Script

① Bona needs to buy 1 egg.
② Bona needs to buy more than 5 apples.
③ Bona needs to buy 2 bottles of orange juice.
④ Bona needs to buy 3 bags of chocolate cookies.

① Bona는 계란 1개를 사야 한다.
② Bona는 사과를 5개보다 더 많이 사야 한다.
③ Bona는 오렌지 주스 2병을 사야 한다.
④ Bona는 초콜릿 쿠키 3봉지를 사야 한다.

• dozen   다스 (12개짜리 묶음)
• need to ~   ~ 해야 한다, ~ 할 필요가 있다
• more than ~   ~보다 많이
• bottle   병
• bag   봉투, 봉지

정답 ①

3 ▷ Script

① The restaurant's name is Starshine.
② There are four dishes in the lunch menu.
③ There is no salad in the lunch menu.
④ The lunch menu prices are cheaper than the regular prices.

① 음식점의 이름은 Starshine이다.
② 점심 메뉴에는 네 가지 음식이 있다.
③ 점심 메뉴에 샐러드는 없다.
④ 점심 메뉴 가격은 정가보다 싸다.

• regular   일반의, 보통의
• green salad   야채 샐러드
• seafood   해산물
• sunshine   햇빛
• starshine   별빛
• dish   음식; 접시
• price   가격
• cheaper   더 싼 (cheap-cheaper-cheapest)
• regular price   정가

정답 ④

4 ▷ Script

① Uncle Sam gave a bag to Chad.
② Chad got a music CD from his friend.
③ Chad received a bicycle from his parents.
④ Aunt Rose gave a new baseball glove to Chad.

① Sam 삼촌은 Chad에게 가방을 한 개 주었다.
② Chad는 자기 친구로부터 음악 CD를 얻었다.
③ Chad는 부모님께 자전거를 한 대 받았다.
④ Rose 숙모는 Chad에게 새 야구글러브를 주었다.

• uncle   삼촌, 이모부, 고모부
• aunt   숙모, 이모, 고모
• give A to B   B에게 A를 주다 (= give B A) (give-gave-given)
• get   얻다 (get-got-gotten)
• receive   받다
• parents   부모

정답 ③

Listening Type 09

Sample

본문 30쪽

Script   정답 ③

① The boys are playing tennis on the tennis court.
② The girls are reading books on the park bench.
③ The boys and the girls are sitting on their chairs.
④ The boys and the girls are wearing uniforms.

① 소년들은 테니스 코트에서 테니스를 치고 있다.
② 소녀들은 공원 벤치에서 책을 읽고 있다.
③ 소년들과 소녀들은 의자에 앉아 있다.
④ 소년들과 소녀들은 유니폼을 입고 있다.

• play tennis   테니스를 치다
• sit on   ~에 앉다
• uniform   제복, 교복

Practice

본문 31쪽

1 ▷ Script

① The boy and the girl are on the street.
② The boy and the girl are walking alone.
③ The boy and the girl are wearing their school bags.
④ The boy and the girl are holding nothing in their hands.

① 소년과 소녀는 거리에 있다.
② 소년과 소녀는 혼자 걷고 있다.
③ 소년과 소녀는 학교 가방을 메고 있다.
④ 소년과 소녀는 그들 손에 아무것도 들고 있지 않다.

• on the street 거리에
• alone 혼자
• wear 메다, 착용하다
• hold 들다
• nothing 아무것도 ~ 아닌

정답 ④

2 Script

① The man is driving a car.
② The woman is talking on the phone.
③ The man and the woman are wearing glasses.
④ The man and the woman are inside the house.

① 남자는 자동차를 운전하고 있다.
② 여자는 전화 통화 중이다.
③ 남자와 여자는 안경을 쓰고 있다.
④ 남자와 여자는 집 안에 있다.

• drive 운전하다
• talk on the phone 전화로 이야기하다
• glasses 안경
• inside 안에, 내부에

정답 ④

3 Script

① The girl is wearing a hairpin, and the boy is wearing a hat.
② The girl is wearing a raincoat, and the boy is wearing boots.
③ The girl is holding an umbrella, and the boy is holding a scarf.
④ The girl is walking on the street, and the boy is sitting on a bench.

① 소녀는 헤어핀을 꽂고 있고 소년은 모자를 쓰고 있다.
② 소녀는 비옷을 입고 있고 소년은 장화를 신고 있다.
③ 소녀는 손에 우산을 쓰고 있고 소년은 목도리를 들고 있다.
④ 소녀는 거리를 걷고 있고 소년은 벤치에 앉아 있다.

• raincoat 비옷
• boots 장화
• scarf 목도리, 스카프

정답 ②

Listening Type 10

Sample
본문 32쪽

Script
정답 ②

① M: I have to go.
　W: Already? Why don't you stay longer?
　M: But I really should go.
② M: Thank you for helping me.
　W: I'm sorry I can't help you.
　M: That's okay.
③ M: What do you do in your free time?
　W: I surf the Internet. And you?
　M: I listen to music.
④ M: How's it going?
　W: Everything's fine.
　M: I'm happy to hear that.

① 남자: 나 가야 해.
　여자: 벌써? 좀 더 머물지 그래?
　남자: 하지만 난 정말 가야 해.
② 남자: 도와주셔서 감사합니다.
　여자: 당신을 도와드릴 수 없어 죄송합니다.
　남자: 괜찮아요.
③ 남자: 너는 여가 시간에 무엇을 하니?
　여자: 나는 인터넷 검색을 해. 너는?
　남자: 나는 음악을 들어.
④ 남자: 어떻게 되어 가니?
　여자: 모든 게 괜찮아.
　남자: 그 말을 들으니 기분이 좋다.

have to ~ ~해야 한다
already 벌써
Why don't you ~? 너 ~하는 게 어떠니?
free time 여가 시간, 자유 시간
surf (인터넷) 검색하다
How's it going? 상황이 어때?, 어떻게 지내?
everything 모든 것

Practice
본문 33쪽

1 Script

① W: What are you doing tonight?
　M: Nothing. Why?
　W: Do you want to see a movie with me?
② W: I think I did bad on the test.
　M: Cheer up! You look good.
　W: I got the perfect score.
③ W: Aren't you hungry?
　M: Yeah, a little bit.
　W: Let's go eat something.
④ W: Can you come over to my house?
　M: Sure, when shall I go?
　W: At around 7:30.

① 여자: 너 오늘 밤에 뭐 할 거니?
　　남자: 아무것도 안 해. 왜?
　　여자: 나랑 같이 영화 볼래?
② 여자: 나는 시험을 잘 못 본 것 같아.
　　남자: 기운 내! 너 좋아 보여.
　　여자: 나는 완벽한 점수를 받았어.
③ 여자: 너 배고프지 않니?
　　남자: 그래 배고파, 약간.
　　여자: 가서 뭘 좀 먹자.
④ 여자: 너 우리 집에 좀 들를 수 있겠니?
　　남자: 그럴게, 언제 갈까?
　　여자: 대략 7시 30분경에.

- see a movie　영화를 보다
- do bad on the test　시험을 잘 못 보다
- Cheer up!　기운 내!
- perfect　완벽한
- a little bit　약간 (= a little, a bit)
- something　뭔가, 어떤 것
- come over to ~　~의 집에 들르다
- When shall I ~?　내가 언제 ~ 할까?
- around　대략

정답 ②

2 ▶ Script
① M: Why do you learn English?
　W: Because it's fun.
　M: I live in England, too.
② M: Would you like some ice cream?
　W: No, thanks. I don't like ice cream.
　M: Why not?
③ M: My mom is angry with me.
　W: Did you do anything wrong?
　M: I broke her favorite vase.
④ M: What is the science homework?
　W: I don't know. Why don't you ask Bill?
　M: Okay, I will.

① 남자: 너는 왜 영어를 배우니?
　　여자: 왜냐하면 재미있기 때문이지.
　　남자: 나도 영국에 살아.
② 남자: 아이스크림 좀 드릴까요?
　　여자: 고맙지만, 됐어요. 나는 아이스크림을 좋아하지 않아요.
　　남자: 왜 좋아하지 않나요?
③ 남자: 우리 엄마가 나한테 화나셨어.
　　여자: 너 뭔가 잘못했니?
　　남자: 나는 엄마가 가장 좋아하시는 꽃병을 깨뜨렸어.
④ 남자: 과학 숙제가 뭐니?
　　여자: 나는 모르겠는 걸. Bill에게 물어보지 그래?
　　남자: 알았어. 그럴게.

- learn　배우다

- because　~ 때문에
- fun　재미있는
- live in ~　~에 살다
- Would you like ~?　~ 좀 드릴까요?
- some　약간의
- No, thanks.　고맙지만 됐어요.
- Why not?　왜 아니죠?, 왜 안 되죠?
- be angry with ~　~에게 화가 나 있다
- anything wrong　잘못된[나쁜] 어떤 것 〈부정, 의문문에서〉
- break　깨뜨리다 (break-broke-broken)
- favorite　가장 좋아하는
- vase　꽃병
- Why don't you ~?　너 ~ 하지 그러니?

정답 ①

3 ▶ Script
① M: How is he doing?
　W: The weather is beautiful.
　M: Thanks.
② M: Who is taller, you or your brother?
　W: Of course, I am taller.
　M: Are you sure?
③ M: You look busy.
　W: Yes, I have a lot of work.
　M: Sorry to hear that.
④ M: What do you want for lunch?
　W: How about pizza?
　M: Sounds good.

① 남자: 그는 어떻게 지내니?
　　여자: 날씨가 좋구나.
　　남자: 고마워.
② 남자: 너와 너의 남동생 중에서 누가 더 키가 크니?
　　여자: 물론, 내가 더 크지.
　　남자: 틀림없어?
③ 남자: 너 바빠 보이는데.
　　여자: 응, 나 일이 많아.
　　남자: 그 말을 들으니 안됐네.
④ 남자: 너는 점심으로 뭘 먹고 싶니?
　　여자: 피자 어떨까?
　　남자: 좋지.

- How is he doing?　그는 어떻게 지내니?
　(cf. What is he doing?: 그는 뭘 하고 있니?)
- weather　날씨
- taller　키가 더 큰
- Are you sure?　확실해?; 너 확신하니?
- a lot of ~　많은 ~ (= lots of ~)
- work　일; 일하다
- for lunch　점심으로

정답 ①

4 ▷ Script

① M: Are you free today?
   W: Not really. I have a lot of homework.
   M: Too bad.
② M: Isn't it cold in here?
   W: A little bit. Let's turn on the heater.
   M: Good idea.
③ M: Where are you going?
   W: I'm going to the bookstore.
   M: Can I go with you?
④ M: What's your favorite season?
   W: I like summer best.
   M: I like you, too.

① 남자: 너 오늘 한가하니?
   여자: 별로. 나는 숙제가 많아.
   남자: 안됐구나.
② 남자: 여기 안이 춥지 않니?
   여자: 약간. 히터를 켜자.
   남자: 좋은 생각이야.
③ 남자: 너 어디에 가니?
   여자: 서점에 가는 길인데.
   남자: 나도 같이 갈 수 있을까?
④ 남자: 너가 가장 좋아하는 계절이 뭐지?
   여자: 나는 여름을 가장 좋아해.
   남자: 나도 너를 좋아해.

• free   한가한; 자유로운
• turn on   (전열기 등을) 켜다 (↔ turn off)
• a little bit   약간 (= a bit, a little)
• favorite   가장 좋아하는
• season   계절
• best   가장

정답 ④

Listening Type 11

Sample
본문 34쪽

Script
답 1. ④ 2. ①

M: Good afternoon. May I help you?
W: Yes, I'd like to return these shoes.
M: What's the problem with them?
W: I bought them for my son, but they are too big for him.
M: Oh, do you want to exchange them for a smaller size?
W: That would be great.
M: The shoes are size 6. Let me give you the size 5. Will that be okay?
W: I think so. Thanks.

남자: 어서 오세요. 무엇을 도와 드릴까요?
여자: 예, 나는 이 신발을 반납하고 싶어서요.
남자: 신발에 무슨 문제가 있나요?
여자: 나는 이것을 내 아들을 주려고 샀는데 아들한테 너무 크네요.
남자: 아, 그것을 더 작은 것으로 교환하기를 원하시나요?
여자: 그거 좋겠네요.
남자: 그 신발이 6 사이즈군요. 5 사이즈로 드릴게요. 괜찮죠?
여자: 예, 고마워요.

남자는 누구인가요?
① 모델   ② 웨이터
③ 고객   ④ 판매사원

여자에 대해서 사실인 것은?
① 그녀는 아들이 하나 있다.
② 그녀는 큰 신발을 좋아한다.
③ 그녀는 가게에서 일한다.
④ 그녀는 돈을 돌려받기를 원한다.

• return   반납하다, 돌려주다
• problem   문제
• buy   사다 (buy-bought-bought)
• too   너무
• exchange A for B   A를 B로 교환하다
• smaller   더 작은 (small-smaller-smallest)
• would   ~일 것이다
• Let me ~.   내가 ~ 할게요.
• so   그렇게

Practice
본문 35쪽

1~2 ▷ Script

G: Ray, can I ask you a favor?
B: Sure. What is it?
G: I'm planning a party for Whitney. She won first prize at an English speech contest.
B: Oh, really? What can I do for you?
G: I'm thinking of making the party place beautiful. Do you have any ideas?
B: How about using balloons?
G: That sounds good. Balloons are very colorful, aren't they?
B: Yes. We can make beautiful flowers with them, too.

소녀: Ray, 부탁하나 해도 될까?
소년: 물론이지. 뭔데?
소녀: 나는 Whitney에게 파티를 열어 줄 계획을 하고 있어. 그녀는 영어 말하기 대회에서 1등 상을 탔거든.
소년: 오, 정말? 내가 뭘 하면 되지?

소녀: 나는 파티 장소를 아름답게 꾸밀까 생각 중이야. 너 뭐 좋은 아이디어 있니?

소년: 풍선을 사용하면 어떨까?

소녀: 그거 좋겠다. 풍선은 아주 화려하잖아, 그렇지 않아?

소년: 맞았어. 우리는 그것들을 가지고 아름다운 꽃도 만들 수가 있지.

1 소년과 소녀는 왜 Whitney를 위해서 파티를 열 건가요?
① 그녀는 파티를 좋아한다.
② 곧 그녀의 생일이 된다.
③ 그녀는 대회에서 상을 탔다.
④ 그녀는 학교를 졸업할 예정이다.

정답 ③

2 소년과 소녀는 파티를 위해서 무엇을 하기로 결정했나요?
① 꽃 사기
② 케이크 만들기
③ 풍선 사용하기
④ 벽에 색칠하기

정답 ③

• ask A a favor   A에게 부탁하다
• plan   계획하다
• win   상을 받다, 우승하다 (win-won-won)
• prize   상
• think of ~   ~ 할 것을 고려하다 (= consider)
• place   장소
• make ~ beautiful   ~을 아름답게 만들다
• use   사용하다
• balloon   풍선
• colorful   화려한, 다채로운
• graduate from ~   ~를 졸업하다
• decide to ~   ~ 하기로 결정하다
• color   색칠하다; 색

3~4 ▶ Script

G: Hi, Andy. Good to see you again.
B: Hi, Jennifer. Did you have fun during the vacation?
G: Yes. I went to my aunt's animal farm in Australia.
B: Oh, really? What did you do there?
G: I helped my aunt take care of her animals. There were a lot of sheep.
B: Did you see kangaroos, too?
G: Yes. I also saw koalas. They were very cute.
B: How exciting!

소녀: 안녕, Andy. 다시 만나 반가워.

소년: 안녕, Jennifer. 방학 동안 재미있게 보냈니?

소녀: 응. 나는 호주에 있는 이모님의 동물 농장에 갔어.

소년: 오, 정말? 거기서 뭘 했는데?

소녀: 나는 이모님이 동물들을 돌보는 것을 도와드렸어. 양이 많이 있었지.

소년: 캥거루도 보았니?

소녀: 그럼. 코알라도 보았는 걸. 아주 귀엽더라.

소년: 아주 신났겠다!

3 소년과 소녀는 무엇에 대해서 얘기하고 있나요?
① 소녀의 애완동물
② 소녀의 농장
③ 소녀의 방학
④ 소녀가 가장 좋아하는 동물

정답 ③

4 언급되어 있지 않은 동물은 무엇인가요?
① 암소들   ② 양들
③ 코알라들   ④ 캥거루들

정답 ①

• again   다시
• have fun   즐거운 시간을 보내다
• during   ~ 동안
• vacation   방학, 휴가
• aunt   이모, 고모, 숙모
• take care of ~   ~를 돌보다 (= look after)
• a lot of   ~ 많은 (= lots of)
• sheep   양 (복수 sheep)
• cute   귀여운
• exciting   신나는, 흥분시키는
• pet   애완동물
• cow   암소

Section 2   Reading Part

Reading Type 01

Sample		본문 36쪽 / 정답 ④
	더운 따뜻한 시원한	

① 날; 낮   ② 공기   ③ 바람   ④ 차가운, 추운

Practice 본문 37쪽

1 ▶

| 바이올린   첼로   피아노 |

① 음악   ② 연주하다
③ 기타   ④ 아름다운

정답 ③

2

첫 번째	두 번째	세 번째

① 차례　　　　　　② 30
③ 숫자　　　　　　④ 네 번째

정답 ④

3

버스	비행기	배

① 기차　　　　　　② 빠른
③ 여행　　　　　　④ 운전사

정답 ①

4

호박	양파	당근

① 과일　　　　　　② 수프
③ 감자　　　　　　④ 건강

정답 ③

Reading Type 02

Sample　　　　　본문 38쪽 / 정답 ②
① 나는 노래 부르는 것에 소질이 있다.
② 가게에 가자.
③ 너 독서를 즐겨 하니?
④ 우리는 동물 쇼를 보았다.

• be good at -ing　~ 하는 것에 소질이 있다
• Let's ~.　~ 하자.
• enjoy -ing　~ 하는 것을 즐기다, 즐겨 ~하다
• watch　보다 (watch-watched-watched)

② goes → go
Let's 뒤에는 동사원형이 쓰여 '~하자'라고 권하는 의미를 나타낸다.

Practice
본문 39쪽

1

① Lena는 나에게 편지를 썼다.
② Ron과 Jill은 좋은 친구다.
③ 그녀는 그와 함께 거기에 가기를 원한다.
④ 윤 선생님은 가장 인기 있는 선생님이다.

• write　쓰다 (write-wrote-written)
• letter　편지
• want to ~　~ 하기를 원하다
• the most popular　가장 인기 있는 (popular의 최상급)

② friend → friends
주어 Ron과 Jill은 복수이므로 be동사 are를 썼으며 뒤에 나오는 명사 (friend)도 주어인 Ron and Jill을 나타내므로 복수명사를 써야 한다.

정답 ②

2

① 그는 아주 조심성이 많다.
② 그 수업은 오후 4시에 끝난다.
③ 우리는 Jim을 위해 파티를 열 예정이다.
④ 접시 위에 딸기가 하나 있다.

• careful　조심하는, 주의깊은
• class　수업; 학급
• finish　끝나다
• at 4 pm　오후 4시에
• have a party　파티를 열다
• There is[are] + 단수명사[복수명사].　~이 있다.
• dish　접시; 음식

② finish → finishes
주어 The class가 3인칭 단수이므로 동사원형에 -es를 붙여서 finishes를 써야 한다.

정답 ②

3

① 사람들은 Erin을 만나기를 좋아한다.
② 내 여동생은 모자를 쓰고 있다.
③ 우리는 재미있는 영화를 한 편 보았다.
④ 박 선생님은 거기에 곧 도착할 것이다.

• like to ~　~ 하는 것을 좋아하다 (= like -ing)
• wear　착용하다
• interesting　재미있는
• see a movie　영화를 보다
• arrive　도착하다
• soon　곧

④ arrives → arrive
will은 조동사이며 조동사 뒤에 오는 동사는 주어의 수나 시제에 관계없이 항상 동사원형이 쓰인다.

정답 ④

> ① 나는 정말 그 영화를 보고 싶다.
> ② 너의 생각은 나에게 훌륭하게 들린다.
> ③ 내 여동생은 영어 배우는 것을 좋아한다.
> ④ 그는 지난밤에 숙제를 해야 했다.

• sound   ~하게 들리다
• learn   배우다
• have to ~   ~ 해야 한다 (과거: had to ~)
• last night   지난밤에

④ has to → had to

last night(지난 밤에)이라는 과거의 때를 나타내는 말이 있으므로 동사도 과거형인 had to ~로 표현한다.

정답 ④

Reading Type 03

Sample 본문 40쪽 / 정답 ②

> A: 너는 매일 체육관에 어떻게 가니?
> B: 나는 거기에 (걸어서) 가.

① 버스   ② 발   ③ 자전거   ④ 지하철

• gym   체육관 (= gymnasium)
• every day   매일
• on foot   걸어서

Practice
본문 41쪽

> A: (왜) 소년이 울고 있지?
> B: 자기 엄마를 찾지 못해서일 것 같아.

① 어떻게   ② 누가
③ 왜   ④ 무엇이

• cry   울다
• guess   짐작하다, 추측하다

정답 ③

> A: 너는 누구와 (함께) 여행을 했니?
> B: 사실은, 나는 혼자 여행했어.

travel   여행하다 (travel-traveled-traveled)
actually   사실은, 실제로
alone   혼자 (= by myself)

정답 ④

> A: 실례합니다, 경찰서가 어디에 있죠?
> B: 죄송해요. 나도 여기가 (처음이에요).

• police station 경찰서
• new   처음 온; 새로운

정답 ③

> A: 이 낡은 상자를 어떻게 해야 하나요?
> B: 그냥 그것을 치우면 돼.

• just   단지, 그저
• put away   치우다

정답 ①

Reading Type 04

Sample 본문 42쪽 / 정답 ③

나는 중국어를 아주 잘 말할 수 있다.

① 나는 중국어를 아주 잘 말해야 한다.
② 나는 중국어를 아주 잘 말하기를 희망한다.
③ 나는 중국어를 아주 잘 말할 수 있다.
④ 나는 중국어를 아주 잘 말하게 될 것이다.

• can   ~ 할 수 있다
• speak   (언어를) 말하다
• Chinese   중국어
• well   잘
• have to ~   ~ 해야 한다
• hope to ~   ~하기를 희망하다
• be able to ~   ~ 할 수 있다
• be going to ~   ~할 것이다

Practice
본문 43쪽

어머니는 나에게 프랑스어를 가르치신다.

① 어머니는 프랑스 출신이시다.

② 나는 어머니에게서 프랑스어를 배운다.
③ 어머니는 나에게 프랑스 요리를 해 주신다.
④ 나는 어머니와 함께 프랑스에 가기 위해 공부한다.

- French   프랑스 말; 프랑스의
- teach   가르치다
- learn   배우다
- cook   요리하다
- food   음식
- go to France   프랑스로 가다

정답 ②

Ted는 숙제를 끝낸 뒤에 저녁을 먹었다.

① Ted는 집에서 저녁을 먹었다.
② Ted는 저녁식사 후에 숙제를 끝냈다.
③ Ted는 저녁식사 전에 숙제를 끝냈다.
④ Ted는 숙제를 끝내지 않고 저녁을 먹었다.

- eat dinner   저녁을 먹다 (= have dinner) (eat-ate-eaten)
- after   ~ 후에
- before   ~ 전에
- without   ~ 하지 않고, ~ 없이

정답 ③

너는 이것을 여기에서 할 필요가 없다.

① 너는 이것을 여기에서 하지 않을 것이다.
② 너는 이것을 여기에서 해서는 안 된다.
③ 너는 이것을 여기에서 하고 싶어하지 않는다.
④ 너는 이것을 여기에서 할 필요가 없다.

- don't have to ~   ~ 할 필요가 없다 (= don't need to ~)
- won't (= will not) ~   ~하지 않을 것이다
- shouldn't (= should not) ~   ~ 해서는 안 된다

정답 ④

나는 항상 아빠와 함께 수영하러 간다.

① 나는 종종 아빠 없이 수영하러 간다.
② 나는 아빠 없이는 결코 수영하러 가지 않는다.
③ 나는 대개 아빠 없이 수영하러 간다.
④ 나는 가끔 아빠 없이 수영하러 간다.

- always   항상
- go swimming   수영하러 가다
- often   종종
- never   결코 [전혀] ~ 아닌
- usually   주로, 대개
- sometimes   때때로, 가끔

정답 ②

Reading Type 05

Sample   본문 44쪽 / 정답 ②

A: 이 넥타이들 얼마죠?
B: 파란 것은 10달러이고 보라색은 18달러예요.
A: 너무 비싸네요.
B: 이 녹색은 어떤가요? 5달러밖에 안해요.
A: 좋아요, 그것으로 주세요.
B: 훌륭한 선택이세요.

① 이것은 값이 얼마죠?
② 좋아요, 그것으로 주세요.
③ 당신은 녹색을 좋아하나요?
④ 저는 단지 구경만 하는 거예요.

- tie   넥타이 (= necktie)
- the blue one   파란 것
- expensive   비싼
- choice   선택
- I'll take it.   그것으로 주세요. (물건 살 때)
- look around   구경하다, 둘러보다

Practice   본문 45쪽

A: 뉴욕행 기차표를 사고 싶습니다.
B: 언제 출발하실 거죠?
A: 내일 아침 9시 50분에요.
B: 알겠습니다. 몇 장 필요하신가요?
A: 5장 부탁합니다.
B: 예. 잠깐만 기다리세요.

① 5장 부탁합니다.
② 나는 5일 전에 출발했습니다.
③ 이번 달 5일입니다.
④ 기차는 5분 후에 출발합니다.

- I'd like to ~.   나는 ~ 하고 싶습니다.
- leave   출발하다, 떠나다 (leave-left-left)
- tomorrow morning   내일 아침
- Wait a moment.   잠시만 기다리세요.
- ago   ~ 전에

- month 달
- in five minutes 5분 후에

정답 ①

A: 이번 주 토요일 오후에 어떤 계획 있니?
B: 특별한 것은 없는데. 왜?
A: 사실은, 이번 주 토요일이 내 생일이야.
B: 정말? 나 그거 몰랐네.
A: 내 파티에 와 주겠니?
B: 물론이지. 초대해 줘서 고마워.

① 나를 좀 도와주겠니?
② 계획을 바꿔 주겠니?
③ 내 파티에 와 주겠니?
④ 나를 저녁식사에 초대해 주겠니?

- plan 계획
- Saturday afternoon 토요일 오후
- nothing 아무것도 ~ 아닌
- special 특별한
- actually 사실은
- change 바꾸다
- invite A to B A를 B에 초대하다

정답 ③

A: 너 지난주에 새 아이스크림 가게가 개업한 것 알고 있니?
B: 길 건너에 있는 것 말이니?
A: 응.
B: 거기에 가 보았니?
A: 아니, 난 가보지 않았어.
B: 그러면 언젠가 거기에 같이 가자.

① 아니, 난 그렇지 않아.
② 아니, 난 그렇지 않았어.
③ 아니, 그런 적 없어. (가보지 않았어)
④ 아니, 난 그러면 안 돼.

- open 개업하다, 개장하다 (open-opened-opened)
- last week 지난 주에
- mean 의미하다
- across 건너에
- Have you been ~? ~에 가 보았니?
- then 그러면
- someday (미래의) 언젠가

정답 ③

Reading Type 06

Sample
본문 46쪽 / 정답 ③

1. 실례합니다. 이 근처에 꽃가게가 있나요?
5. 예. Pine Street에 한 개 있어요.
4. 거기에 어떻게 가면 되죠?
2. 이리로 걸어가다가 첫 번째 모퉁이에서 오른쪽으로 도세요. 그 것이 거기에서 보일 거예요.
3. 감사합니다. 정말 친절하시군요.

- near hear 이 근처에
- this way 이리로
- turn right 오른쪽으로 돌다, 우회전하다 (cf. turn left 좌회전하다)
- corner 모퉁이
- get there 거기에 다다르다, 도착하다
- on Pine Street Pine Street에

Practice
본문 47쪽

3. 주문하시겠습니까?
1. 예. 오늘의 특별 메뉴는 뭔가요?
5. 새우 샐러드와 치킨 파스타가 오늘의 특별메뉴입니다.
2. 다른 것도 있나요?
4. 비프스테이크도 좋아요.

- special 특별 메뉴; 특별한 것
- anything else 다른 어떤 것
- May I ~? 내가 ~ 해도 될까요?
- order 주문
- beef 쇠고기
- shrimp 새우

정답 ②

4. 이 사과파이를 Wilson씨에게 갖다 줄래요?
5. Wilson씨요? 그가 누군데요?
3. 그는 우리 이웃사람입니다. 그는 우리 옆집에 살아요.
1. 알겠습니다. 그에게 파이를 갖다 드리죠.
2. 고맙습니다. 그에게 잘 해 주세요.

- bring A B A에게 B를 갖다 주다 (= bring B to A)
- Be nice to ~. ~에게 잘 해 주세요.
- neighbor 이웃 사람, 이웃
- next door 옆집에, 옆건물에

정답 ③

3

> 3. 이 사진들을 어디에서 찍었니?
> 2. 나는 그것들을 유럽에서 찍었어.
> 1. 나는 네가 유럽에 간 것을 몰랐어. 거기 좋았니?
> 5. 응, 멋있었지. 파리가 최고였어.
> 4. 나도 유럽에 꼭 가고 싶다.

- go to Europe   유럽에 가다 (go-went-gone)
- take photos   사진을 찍다 (take-took-taken) (= take pictures)
- I'd love to ~   ~을 꼭 하고 싶다
- visit   방문하다

정답 ③

Reading Type 07

Sample   본문 48쪽 / 정답 1. ③ 2. ①

> 할로윈 파티에 우리와 함께 하세요!
> 오후 6시 30분 ~ 오후 9시
> 10월 30일 목요일
> Oak Avenue 8500
>
> Adrian에게 전화 하세요 (02-783-3030)
> 마스크를 꼭 착용하세요!

초대장에 제시되어 있지 않은 정보는 무엇인가요?
① 날짜   ② 주소
③ 손님 목록   ④ 전화번호

파티에 대해서 알 수 있는 것은?
① 사람들은 파티에서 마스크를 쓸 것이다.
② Adrian은 파티에서 요리를 할 예정이다.
③ 파티는 Adrian의 집에서 열릴 예정이다.
④ 사람들은 파티에 3시간 동안 머물 것이다.

- join   함께 하다
- avenue   (도시의) 거리
- Be sure to ~.   꼭[반드시] ~ 하세요.
- date   날짜
- address   주소
- guest   손님
- list   목록
- be held   개최되다
- stay   머물다
- for   ~ 동안 〈시간의 길이〉

Practice   본문 49쪽

1~2

> 맘마미아
> 오후 5시 15분 2015년 12월 12일 금요일
> 좌석번호: G-14
>
> * 영화가 시작하기 전에는 반환할 수 있습니다.
> * 이 티켓이 있으면 팝콘 값이 10% 할인됩니다.
>   Cine Box

티켓에 제시되어 있지 않은 정보는 무엇인가요?
① 날짜   ② 시간
③ 가격   ④ 좌석번호

정답 ③

다음 중 사실인 것은?
① 영화 제목은 G-14이다.
② 영화는 오전에 상영될 예정이다.
③ 일단 티켓을 사면 반환할 수 없다.
④ 티켓이 있으면 팝콘 가격 10%를 할인받을 수 있다.

- seat   좌석
- return   돌려주다, 반환하다
- before   ~ 전에
- discount   할인
- get a discount   할인을 받다
- price   가격
- once   일단 ~ 하면

정답 ④

3~4

> 규칙
> 1. 책상을 청소하세요.
> 2. 서로 도우세요.
> 3. 선생님 말씀을 들으세요.
> 4. 뛰어 다니지 마세요.
> 5. 떠들지 마세요.

이 게시문은 어디에서 볼 수 있나요?
① 극장에서   ② 박물관에서
③ 교실에서   ④ 음식점에서

정답 ③

게시문에 쓰여 있지 <u>않은</u> 규칙은 무엇인가요?
① 시간 준수하기　　　　　　② 조용히 하기
③ 다른 사람 돕기　　　　　　④ 책상 청소하기

- rule　규칙
- clean　청소하다
- each other　서로
- listen to　~의 말을 듣다
- Do not (= Don't) ~.　~ 하지 마세요.
- run around　뛰어 다니다
- make a noise　떠들다
- notice　공고문
- classroom　교실
- on time　제시간에, 정각에
- keep quiet　조용히 하다
- others　다른 사람들

정답 ①

5~6

> **Jenny가 13살이 됩니다!**
> 와서 제 생일을 같이 축하해 주세요.
> 반 친구 모두를 초대합니다.
>
> 날짜와 시간: 12월 15일 토요일 오후 12시
> 장소: 야곱의 레스토랑
>
> 만약 못 오면 Jenny에게 560-9812번으로 전화주세요.

파티는 언제 열릴 건가요?
① 12일에　　　　　　　　② 13일에
③ 14일에　　　　　　　　④ 15일에

정답 ④

초대장으로 알 수 <u>없는</u> 것은 무엇인가요?
① 누가 초대되었는지
② 파티가 왜 열리는지
③ 파티가 어디서 열릴 예정인지
④ 파티가 몇 시에 끝날 예정인지

- turn　(나이가) ~이 되다
- celebrate　축하하다, 기념하다
- classmate　반 친구, 급우

정답 ④

Reading Type 08

Sample　　　　　본문 52쪽 / 정답 1. ③ 2. ④

사랑하는 엄마와 아빠,

잘 지내세요? 저는 겨울 캠프에서 즐거운 시간을 보내고 있어요. 여기 캠프에서 우리는 재미있는 일들을 많이 하고 있지요. 저는 눈사람과 이글루를 만들었고 스키 타는 법도 배웠어요. 제가 만든 눈사람 사진을 보내요. 두 분 다 보고 싶네요.

사랑하는
Benjamin

Benjamin은 왜 편지를 썼나요?
① 부모님에게 도움을 청하기 위해
② 부모님에게 죄송하다고 말하기 위해
③ 부모님에게 어떻게 지내는지 알려드리기 위해
④ 부모님을 겨울 캠프에 초대하기 위해

Benjamin이 겨울캠프에서 하지 <u>않은</u> 일은 무엇인가요?
① 이글루 짓기　　　　　　② 스키 타는 방법 배우기
③ 눈사람 만들기　　　　　④ 눈싸움 하기

- have a great time　즐거운 시간을 보내다
- lots of ~　많은 (= a lot of ~)
- snowman　눈사람
- igloo　이글루
- learn　배우다 (learn-learned-learned)
- how to ~　~ 하는 방법
- ski　스키를 타다; 스키
- send　보내다
- photo　사진 (= photograph)
- miss　보고 싶어하다
- both　둘 다
- ask A for help　A에게 도움을 청하다
- snowball fight　눈싸움
- have a snowball fight　눈싸움하다

Practice　　　　　본문 53쪽

1~2

> 10월 24일
> 오늘은 내 생일이었다. 하지만 아침에 나는 아주 슬펐다. 아무도 그 사실을 모르는 것 같았기 때문이다. 점심 식사 후 나는 친구들을 만나기 위해 집을 떠나 놀이터로 갔다. 하지만 거기에서 아무도 만날 수 없었다. 내가 집으로 걸어서 돌아왔을 때, 나는 아주 놀랐다. 내 친구들 모두가 있었고 나는 생일 케이크와 선물들을 볼 수가 있었다. "서프라이즈! 생일 축하해, Jessica!" 모두가 외쳤다. 나는 너무 행복했다. 최고의 생일이었다!

19

일기에 따르면 Jessica의 감정이 어떻게 변했나요?
① 슬픈 → 행복한
② 외로운 → 슬픈
③ 행복한 → 외로운
④ 놀란 → 화난

정답 ①

일기에 따르면 Jessica에 대해서 사실인 것은?
① 그녀는 자기의 생일 케이크를 샀다.
② 그녀는 최고의 생일을 보냈다고 생각했다.
③ 그녀는 생일날 어떤 선물도 받지 못했다.
④ 그녀는 10월 24일에 놀이터에서 친구 한 명을 만났다.

• sad   슬픈
• no one   아무도 ~ 아니다
• seem to ~   ~ 하는 것 같다 (seem-seemed-seemed)
• after   ~후에
• leave home   집을 떠나다 (leave-left-left)
• playground   놀이터, 운동장
• not ~ anyone   아무도 ~ 아니다
• surprised   놀란
• gift   선물
• surprise   놀람; 놀라게 하다
• everyone   모든 사람, 모두
• shout   외치다 (shout-shouted-shouted)
• feeling   기분, 감정
• according to ~   ~에 의하면
• diary   일기
• lonely   외로운, 고독한
• angry   화난

정답 ②

3~4

두 사람의 위대한 작가가 1564년 영국에서 태어났다. 한 사람은 William Shakespeare였다. 다른 한 사람은 Christopher Marlowe였다. Shakespeare는 많은 희곡을 썼지만 Marlowe는 단 4편의 희곡을 썼을 뿐이다. Shakespeare는 52세까지 살았지만 Marlowe는 겨우 29세 때 사망했다. 둘 다 당시에 아주 유명했는데 영국 사람들은 그들을 오늘날에도 여전히 사랑하고 있다.

글의 제목으로 가장 적절한 것은 무엇인가요?
① 이름 없는 두 명의 작가
② 젊어서 죽은 두 명의 작가
③ 영국 역사 속의 두 명의 작가
④ 영국으로 간 두 명의 작가

정답 ③

다음 중 사실인 것은?
① Marlowe는 4편보다 많은 희곡을 썼다.
② Marlowe는 영국 사람들의 사랑을 받고 있다.
③ Shakespeare는 영국에서 태어나지 않았다.
④ Shakespeare는 그가 살아있을 당시 유명하지 않았다.

• great   위대한
• writer   작가
• was [were] born   태어났다
• one ~   (둘 중) 하나는 ~
• the other ~   (둘 중) 나머지 하나는 ~
• write   쓰다 (write-wrote-written)
• a lot of ~   많은 (= losts of, many)
• play   희곡; 연극
• live to be ~   ~살까지 살다
• die   죽다 (die-died-died)
• both of them   그들 둘 다 (= they both)
• famous   유명한
• in their time   그들이 살아있는 동안
• still   여전히, 아직도
• today   오늘날에, 오늘
• without   ~이 없는
• English   영국의, 잉글랜드의
• die young   젊어서 죽다 (die-died-died)
• history   역사

정답 ②

5~6

June에게,

안녕, 나 Tina야. 나는 캘리포니아의 작고 조용한 도시에 살아. 나는 우리 가족 중에서 외동이야. 하지만 나는 좋은 친구와 이웃은 많단다. 그래서 외롭지 않아. 그리고 나에게는 너도 있잖아. 너는 나의 첫 펜팔 친구야. 나는 너에 대해 더 많이 알고 싶어. 너로부터 곧 연락을 받았으면 해. 잘 지내!

너의 새 친구,
Tina

5

June과 Tina는 누구인가요?
① 펜팔   ② 이웃사람   ③ 옛 친구   ④ 반 친구

정답 ①

다음 중 Tina에 대해서 사실인 것은?
① 그녀는 큰 도시에 산다.
② 그녀는 항상 외로움을 느낀다.
③ 그녀에게는 오직 한 명의 친구만 있다.
④ 그녀에게는 남녀 형제가 한 사람도 없다.

• live in ~   ~에 살다
• quiet   조용한
• town   도시, 읍
• only child   외동
• neighbor   이웃사람
• lonely   외로운, 고독한
• pen friend   편지로 사귄 친구, 펜팔
• hope to ~   ~ 하기를 희망하다
• hear from ~   ~에게서 연락을 받다
• Take care!   잘 지내!

정답 ④

Writing Part

Writing Type 01

Sample   본문 56쪽 / 정답 driver

A: 너의 아버지의 직업이 뭐지?
B: 버스 운전사이셔.

• job   직업
• engineer   기사
• driver   운전사
• pilot   조종사
• skater   스케이트 선수

Practice   본문 57쪽

A: 엄마, 내 안경 어디에 있어요?
B: 책상 위에 있단다.

• on the desk   책상 위에
• glasses   안경
• gloves   장갑
• grass   풀, 잔디
• guess   짐작(하다)

정답 glasses

A: 너 지난 주 금요일에 무엇을 했니?
B: 나는 친구들과 함께 스케이트를 타러 갔지.

• last Friday   지난 주 금요일에
• go skating   스케이트 타러 가다 (go-went-gone)
• go swimming   수영하러 가다
• go skiing   스키 타러 가다
• go running   달리기하러 가다

정답 skating

A: 너는 Catherine이 지금 어디에 있는지 아니?
B: 그녀는 지금 자기 집 앞에 서 있어.

• in front of ~   ~ 앞에

정답 front

Writing Type 02

Sample   본문 58쪽 / 정답 1. Fifty 2. taking

오늘날, 점점 더 많은 사람들이 대중교통을 이용하고 있습니다. 우리는 100명의 사람에게 등교나 출근을 어떻게 하는지 물었습니다. 그들 중 1. 50명은 등교나 출근할 때 지하철을 이용하고 있습니다. 30퍼센트는 버스를 2. 이용하고 있고 15퍼센트는 자신들의 자가용을 운전하고 있습니다.

1. 예) 50, 50번째의, 5, 다섯 번째
2. 예) (교통수단을) 타다

• more and more   점점 더 많은
• use   사용하다
• public   대중적인
• transportation   교통수단
• public transportation   대중 교통수단
• ask   묻다 (ask-asked-asked)
• how   어떻게
• work   직장, 일터
• subway   지하철

Practice

본문 59쪽

어느 일요일 아침, Cynthia네 가족은 그들 자신의 방법으로 시간을 쓰고 있습니다. Cynthia의 아버지 Matthew는 거실에서 신문을 읽고 있습니다. Cynthia의 어머니 Rosemary는 가족을 위해 1. 아침식사를 만들고 있습니다. Cynthia의 오빠인 Brian은 욕실에서 머리를 2. 감고 있습 니다. 남동생 Charlie는 아직도 침대에서 자고 있습니다. 마지막으로, Cynthia는 자기 방에서 음악을 듣고 있네요.

1. 예) 아침식사, 점심식사, 저녁식사, 과일
2. 예) 만들다, 씻다, 걸다, 얻다

• spend (시간, 돈 등을) 쓰다
• own 자신의
• way 방법
• read a newspaper 신문을 읽다
• living room 거실
• older brother 오빠, 형
• bathroom 욕실
• little brother 남동생
• still 아직도, 여전히
• sleep 자다
• finally 마지막으로; 드디어
• wash one's hair 머리를 감다
• hang 걸다

정답 breakfast

정답 washing

3~4

Brenda의 학급은 학급 소풍으로 어디에 갈지를 결정을 해야 했습니다. 3. 절반의 학생들은 놀이공원에 가기를 원했습니다. 학생들 중 1/4은 동물원에 가고 싶어 했습니다. 같은 퍼센트의 학생들은 미술관과 과학박물관을 4.방문하기를 원했네요. 그 결과, 학생들은 놀이공원으로 소풍을 가기로 결정했습니다.

가장 좋아하는 소풍 장소
놀이공원 51%
동물원 25%
미술관 12%
과학 박물관 12%

3. 예) 대부분의, 더 적은, 반, 거의 없는
4. 예) 먹다, 마시다, 생각하다, 방문하다

• have to ~ ~ 해야 한다 (have-had-had)
• where to ~ 어디로 [어디에서] ~ 할지
• go on a picnic 소풍을 가다
• amusement park 놀이공원
• quarter 1/4
• same 같은
• percentage 백분율, 퍼센트
• art gallery 미술관, 화랑
• as a result 그 결과
• decide to ~ ~ 하기로 결정하다 (decide-decided-decided)
• most 대부분의; 가장 많은
• less 더 적은
• half 반, 1/2
• little 거의 없는; 하찮은

정답 Half

정답 visit

Writing Type 03

Sample	본문 60쪽 / 정답 ride, bicycle

A: 너의 취미는 뭐니?
B: 나는 자전거 타는 것을 좋아해. 아주 재미있어.

• hobby 취미
• jump rope 줄넘기(를 하다)
• pass 통과하다
• ride a bicycle 자전거를 타다
• fun 재미있는

Practice

본문 61쪽

A: 내 곰인형 봤니?
B: 응. 그거 책상 밑에 있더라.

• teddy bear 곰인형
• under ~ 밑에, 아래에
• kitchen 부엌

정답 under, desk

A: 너 Selene가 지금 뭘 하고 있는지 아니?
B: 그녀는 정원에서 꽃에 물을 주고 있어.

- water   물을 주다
- pick   (꽃을) 따다
- step   발걸음을 움직이다
- garden   정원

정답 watering, in

A: 너 왜 학교에 지각했지?
B: 죄송합니다. 오늘 아침에 늦게 일어났어요.

- be late for ~   ~에 늦다, 지각하다
- late   늦게
- this morning   오늘 아침 [오전]에
- get up   일어나다 (get-got-gotten)
- turn down   거절하다; (온도를) 낮추다

정답 got, up

실전모의고사 1

Listening Part

1 ③	2 ①	3 ②	4 ①
5 ④	6 ②	7 ④	8 ①
9 ③	10 ④	11 ②	12 ①
13 ①	14 ④	15 ③	16 ②
17 ①	18 ②	19 ③	20 ④
21 ④	22 ②	23 ③	24 ①
25 ③	26 ①	27 ④	28 ②
29 ④	30 ②	31 ④	32 ③
33 ②			

Reading Part

34 ④	35 ②	36 ③	37 ②
38 ③	39 ①	40 ④	41 ②
42 ②	43 ②	44 ④	45 ①
46 ①	47 ①	48 ④	49 ④
50 ②	51 ③	52 ①	53 ④
54 ④	55 ②		

Writing Part

1 swimming	2 How	3 Seven	4 more
5 saw, under			

Listening Part

Script

① Fish	② Meat	③ Dinner	④ Vegetable
① 생선	② 고기	③ 저녁 식사	④ 야채

Script

① Number	② Triangle	③ Square	④ Circle
① 숫자	② 삼각형		
③ 정사각형	④ 원		

Script
The girl is sitting beside the man in the train.

소녀는 기차 안에서 남자 옆에 앉아 있다.

- beside ~   ~ 옆에
- train   기차

Script
The man is trying on a brown jacket.

남자는 갈색 재킷을 입어보고 있다.

- try on   (옷 등을) 입어보다, 신어보다
- brown   갈색의

Script
There is a baseball in the basket.

바구니 안에 야구공이 한 개 있다.

- There is[are] + 단수명사[복수명사].   ~이 있다.
- baseball   야구공, 야구
- basket   바구니

Script
W: James, breakfast is ready.
B: Yes, Mom. I'm coming.
W: OK, sit down here. Which one do you want to eat, bread or rice?
B: I'll have bread with jam on it.
W: Sure.

여자: James야, 아침 다 됐다.
소년: 예, 엄마. 지금 가고 있어요.
여자: 좋다, 여기 앉으렴. 빵과 밥 중에서 어느 것을 먹고 싶니?
소년: 잼을 바른 빵을 먹을래요.
여자: 그래.

- breakfast   아침식사
- ready   준비된
- I'm coming.   지금 가고 있어요.; 금방 가요.
- sit down   앉다
- Which one do you want ... A or B?   A와 B 중에서 어느 것을 원하니?

- want to 동사원형   ~을 하고 싶어 하다, 하기를 원하다
- I'll (= I will)   ~ 나는 ~ 할 거예요
- have   먹다, 마시다

Script
G: Kevin, how do you go to school?
B: I used to take a bus but my dad recently bought me a bike.
G: So do you ride a bike to go to school?
B: Yes, it's much faster.
G: I wish I had one, too.

소녀: Kevin, 너 학교에 어떻게 가니?
소년: 나는 전에는 버스를 탔는데 아빠가 최근에 나에게 자전거를 사 주셨어.
소녀: 그래서 너는 학교에 자전거를 타고 가는구나?
소년: 아, 그게 훨씬 빠르거든.
소녀: 나도 하나 있으면 좋겠다.

- how   어떻게
- go to school   등교하다
- used to + 동사원형   전에는 ~했었다 (지금은 그렇지 않다)
- take a bus   버스를 타다
- recently   최근에
- buy A B   A(사람) 에게 B(물건)를 사 주다 (buy-bought-bought)
- ride a bike   자전거를 타다
- much faster   훨씬 빠른
- I wish I had ~   내가 ~을 갖고 있다면 좋겠는데 (have의 과거형 had를 써서 현재 갖고 있지 못한 아쉬움을 나타낸다.)
- one = a bike

8

Script
G: What do you usually do in your free time?
B: Sometimes I play sports and sometimes I read books at the library.
G: Oh! Reading is one of my favorites, too.
B: Really? What do you like to read?
G: I love fantasy stories. How about you?

소녀: 너는 여가 시간에 주로 무엇을 하니?
소년: 가끔은 운동 경기를 하고 가끔은 도서관에서 책을 읽기도 해.
소녀: 오! 독서는 내가 가장 좋아하는 것 중 하나이기도 한데.
소년: 정말? 어떤 것을 읽는 것을 좋아하니?
소녀: 나는 판타지 이야기를 좋아해. 너는 어떻니?

- usually   주로, 보통
- free time   자유 시간, 여가 시간
- sometimes   가끔, 때때로

- at the library   도서관에서
- reading   독서, 책읽기
- one of my favorites   내가 가장 좋아하는 것들 중 하나
- like to 동사원형   ~하는 것을 좋아하다
- fantasy stories   판타지 이야기
- How about you?   너는 어떻니?

Script

G: How was your weekend, Brian?
B: It was terrible. I stayed home all weekend.
G: Why? You told me you would go to the beach with your family.
B: Yeah, but I fell down the stairs so I had to stay home during the weekend.
G: Oh! I am sorry to hear that.

소녀: 주말이 어땠니, Brian?
소년: 형편없었어. 나는 내내 집에 머물러 있었어.
소녀: 왜? 너는 가족과 함께 바닷가로 갈 거라고 나에게 말했었잖아.
소년: 응. 하지만 나는 계단에서 넘어졌고 그래서 주말 동안 집에 머물러 있어야 했어.
소녀: 오! 그 말을 들으니 안됐구나.

- weekend   주말
- terrible   형편없는, 끔찍한
- stay (at) home   집에 머물러 있다
- all the time   줄곧, 내내
- tell   말하다
- would   will의 과거
- fall down   넘어지다
- stairs   계단
- had to 동사원형   ~해야만 했다 (have to의 과거)
- during   ~동안

Script

W: Hello, may I help you?
M: Yes, I'm looking for a suit.
W: How do you like this yellow one? This is on sale.
M: Well, yellow is too bright. Do you have anything in grey?
W: Yes, we do. Let me bring one for you.
Q. Where is the man now?

여자: 안녕하세요, 도와 드릴까요?
남자: 예, 나는 정장을 찾고 있어요.
여자: 이 노란색 정장은 어떤가요? 이것은 할인 판매 중이에요.
남자: 음, 노란색은 너무 밝은데요. 회색으로 있나요?
여자: 예, 있어요. 하나 갖다 드릴게요.
Q. 남자는 지금 어디에 있나요?

- May I help you?   도와 드릴까요? (가게에서 손님을 맞이할 때 많이 사용)
- look for ~   ~을 찾다
- suit   정장
- How do you like ~?   ~이 마음에 드시나요?
- on sale   세일 중인, 할인 판매 중인
- too   너무 (마음에 들지 않거나 지나치다라는 부정적인 의미로 쓰임)
- in grey   회색으로
- let me ~   내가 ~ 할게요.

Script

B: How often do you use a computer?
G: Everyday. I do my homework, play games, and surf the Internet. What about you?
B: I am taking an online English course every night.
G: That's great. I think I should learn it, too. Can you recommend good English education sites?
B: Sure. I will show you some now.
Q. What are they going to do after the conversation?

소년: 너는 컴퓨터를 얼마나 자주 사용하니?
소녀: 매일. 나는 숙제를 하고 게임도 하고 그리고 인터넷 검색도 해. 너는 어떻니?
소년: 나는 매일 밤 온라인 영어 강좌를 들어.
소녀: 그것 참 멋진데. 나도 그것을 배워야 할 것 같아. 너 좋은 영어 교육 사이트를 추천해 줄 수 있겠니?
소년: 물론이지. 너에게 지금 몇 개 보여 줄게.
Q. 대화를 끝낸 후 그들은 무엇을 할 예정인가요?

- everday   매일
- do one's homework   숙제를 하다
- surf the Internet   인터넷서핑을 하다
- What about you?   너는 어떻니? (= How about you?)
- take a course   강좌를 수강하다
- every night   매일 밤
- I think ~   나는 ~라고 생각해
- should   ~해야 한다
- recommend   추천하다
- education   교육
- show A B   A에게 B를 보여 주다

25

Script

M: Hello, can I help you?
G: Yes, I'm looking for a gift for my friend. She is from France.
M: I see. Do you want a Korean traditional gift?
G: Yeah, that'll be great.
M: I think this doll would be great. It's wearing Korean traditional clothes.
Q. *What does the man recommend?*

남자: 안녕하세요, 어서 오세요.
소녀: 예, 나는 친구에게 줄 선물을 찾고 있어요. 그녀는 프랑스 사람이에요.
남자: 알겠어요. 당신은 한국의 전통 선물을 원하나요?
소녀: 예, 그것이면 좋겠어요.
남자: 이 인형이 좋을 것 같네요. 그것은 한국 전통 의상을 입고 있거든요.
Q. *남자는 무엇을 추천하고 있나요?*

• gift   선물
• be from ~   ~에서 왔다, ~출신이다
• want   원하다
• Korean   한국의
• traditional   전통적인
• That'll be great.   그것이면 좋겠어요.
• doll   인형
• be wearing   ~을 몸에 착용하고 있다
• clothes   옷, 의복

Script

W: Excuse me. Please, fasten your seat belt.
M: Pardon?
W: The plane is going to take off in a minute, so please fasten your seat belt.
M: Oh, I see. How long will it take to get to the destination?
W: It will take about five hours.
Q. *Where is the conversation taking place?*

여자: 실례합니다. 안전띠를 매 주세요.
남자: 뭐라고 하셨죠?
여자: 비행기가 잠시 후 이륙할 예정이에요. 그러니 안전띠를 매 주세요.
남자: 아, 알겠어요. 목적지에 도착하려면 얼마나 걸릴까요?
여자: 대략 다섯 시간 정도 걸릴 겁니다.
Q. *이 대화가 일어나고 있는 곳은 어디인가요?*

• Excuse me.   실례합니다.
• please   제발 (정중히 부탁할 때)
• fasten   벨트 등을 조이다
• seat belt   안전벨트, 안전띠
• Pardon?   뭐라고요? (말을 잘 못 알아들었을 때 다시 해달라고 하는 말=I beg your pardon?)
• be going to + 동사원형   ~할 예정이다
• take off   이륙하다 (↔ land)
• in a minute   곧, 잠시 후에
• how long will it take to + 동사원형 ~?   ~하는 데 (시간이) 얼마나 걸릴까?
• get to ~   ~에 도착하다
• destination   목적지
• about   약, 대략
• hour   시간

Script

B: Jessica, do you have a pet?
G: I'd like to have one but my mom doesn't like it. How about you?
B: My cousin gave me a cat a week ago. It's white and has blue eyes.
G: It must be cute. Can you show me that someday?
B: Sure, anytime.
Q. *What is the boy's pet like?*

소년: Jessica, 너는 애완동물이 있니?
소녀: 나는 한 마리 갖고 싶은데 엄마가 그것을 좋아하지 않으셔. 너는 어떻니?
소년: 사촌이 지난주에 나에게 고양이 한 마리를 주었어. 그것은 하얗고 눈은 파래.
소녀: 틀림없이 귀엽겠구나. 나에게 그것을 언젠가 보여 줄 수 있겠니?
소년: 물론이지, 언제든지 돼.
Q. *소년의 애완동물은 어떻게 생겼나요?*

• Do you have ~?   너 ~을 갖고 있니?
• pet   애완동물
• I'd (= I would) like to + 동사원형   나는 ~을 하고 싶다
• cousin   사촌
• give A B   A(사람)에게 B(물건)를 주다
• a week ago   1주일 전에
• must be   ~임에 틀림없다
• cute   귀여운
• show A B   A에게 B를 보여 주다
• someday   언젠가
• anytime   언제든지

Script

(M) These big animals live in the sea. They can swim and jump well. You can see their show at an aquarium. They shake their hands and play balls at the show. Also they are good at playing with a ball. What are they?

이 큰 동물들은 바다에 산다. 그들은 헤엄을 칠 수 있고 점프도 잘한다. 당신은 수족관에서 그들의 쇼를 볼 수 있다. 쇼를 할 때 그들은 손을 흔들고 공놀이를 한다. 또한 그들은 공을 가지고 노는 것에도 능하다. 그들은 무엇인가?

- animal   동물
- live   살다
- sea   바다
- swim   헤엄치다, 수영하다
- well   잘
- aquarium   수족관
- shake   흔든다
- be good at ~   ~하는 것에 능하다, 소질이 있다

Script

(W) There are three glasses on the table. The glass in the middle is empty and the others have something in it. The glass on the left is filled with water and the one on the right is filled with orange juice.

탁자 위에 유리잔이 세 개 있다. 가운데에 있는 유리잔은 비어 있고 다른 것들은 그 안에 무언가가 있다. 왼쪽에 있는 유리잔에는 물이 가득 차 있고 오른쪽에 있는 것에는 오렌지 주스가 채워져 있다.

- There is[are] + 단수명사[복수명사].   ~이 있다.
- glass   유리잔
- in the middle   중앙에
- empty   속이 빈
- the others   다른 것들
- something   어떤 것, 무언가
- on the left   왼쪽에
- be filled with   ~로 가득 차 있다
- on the right   오른쪽에

Script

W: Excuse me. This is not what I ordered.
M: Didn't you order onion soup with garlic bread?
W: No, I ordered tomato soup and a cheese burger without onion.
M: Oh, sorry, It was my mistake. I'll bring them right away.
W: And large French fries, please.

여자: 실례합니다. 이것은 내가 주문한 것이 아닌데요.
남자: 마늘빵을 곁들인 양파 수프를 주문하지 않으셨나요?
여자: 아뇨. 나는 토마토 수프 그리고 양파를 넣지 않은 치즈 버거 하나를 주문했는데요.
남자: 아. 죄송합니다. 제 실수였네요. 바로 그것들을 갖다 드릴게요.
여자: 그리고 프렌치 프라이 큰 것으로 부탁해요.

여자가 주문하지 <u>않은</u> 음식은 무엇인가요?
① 마늘 빵   ② 프렌치 프라이
③ 토마토 수프   ④ 치즈 버거

- Excuse me.   실례합니다.
- what I ordered   내가 주문한 것
- order   주문하다
- onion soup   양파 수프
- garlic   마늘
- bread   빵
- without   ~없는
- mistake   실수
- bring   갖고 오다
- right away   당장, 바로 지금
- large   큰
- French fries   프랑스식 감자튀김

Script

W: I'd like to return this fan.
M: Is there anything wrong with it?
W: It's too noisy.
M: Do you want to exchange it?
W: No. I'd like a refund, please.

여자: 이 선풍기를 반납하고 싶은데요.
남자: 그것에 뭔가 잘못된 부분이 있나요?
여자: 그것은 너무 시끄러워요.
남자: 그것을 교환하기를 원하시나요?
여자: 아뇨. 환불해 주세요.

여자는 왜 선풍기에 대해서 만족하지 않나요?
① 너무 더러워서   ② 너무 시끄러워서
③ 너무 작아서   ④ 너무 비싸서

- I'd like to ~   ~하고 싶다
- return   돌려 주다, 반납하다
- fan   선풍기, 환풍기
- anything wrong   뭔가 잘못된 것
- noisy   시끄러운
- want to ~   ~ 하기를 원하다
- exchange   교환하다
- refund   환불(금)
- be satisfied with ~   ~에 만족하다
- dirty   더러운
- small   작은
- expensive   비싼

Script

G: What's wrong with you, Jim?
B: My computer doesn't work. I lost all my data. What should I do?
G: Let me see. I guess there is a virus in it.
B: Yes, I think so. Do you think we can fix it?
G: No. You must take it to the service center.

소녀: 무슨 일이니, Jim?
소년: 내 컴퓨터가 작동을 안 해. 나는 데이터를 모두 잃어버렸어. 내가 어떻게 해야 하지?
소녀: 어디 보자. 바이러스가 안에 있는 것 같네.
소년: 응. 나도 그렇게 생각해. 우리가 고칠 수 있겠니?
소녀: 아니. 너는 이것을 서비스 센터에 가져가야 할 것 같아.

소년은 어디에 가야 하나요?
① 병원   ② 서점   ③ 수리점   ④ 소녀의 집

- What's wrong with you?   무슨 일이니?
- work   작동하다; 일하다
- lose   잃다 (lose-lost-lost)
- What should I do?   내가 어떻게 해야 하지?
- I guess ~   나는 ~라고 추측해
- I think so.   나는 그렇게 생각해.
- fix   고치다, 수리하다
- must   ~해야 한다
- take A to B   A를 B에게로 가져 [데려] 가다
- bookstore   서점
- repair shop   수리점

Script

W: Hello. Reservation desk, How may I help you?
M: I would like to make a reservation for tonight at 7 o'clock.
W: For how many?
M: There will be five including two kids.
W: All right. A table for five at 7. Thanks for calling, Mr. Smith.

여자: 여보세요. 예약 창구입니다. 무엇을 도와드릴까요?
남자: 오늘밤 7시로 예약을 하고 싶습니다.
여자: 몇 명이 오실 건가요?
남자: 어린이 두 명을 포함해 다섯 명이 되겠습니다.
여자: 알겠습니다. 7시에 다섯 명이 앉을 테이블 1개입니다. 전화주셔서 감사합니다. Smith씨.

남자는 몇 시로 레스토랑을 예약했나요?
① 오후 2시   ② 오후 3시
③ 오후 5시   ④ 오후 7시

- reservation   예약
- make a reservation   예약하다
- How may I help you?   어떻게 도와 드릴까요?
- tonight   오늘밤
- how many   얼마나 많은
- including   ~을 포함하여
- kid   아이
- all right   알겠어요 (= OK)
- Thanks for ~.   ~에 대해 감사드립니다.
- call   전화하다
- reserve   예약하다

Script

B: Janet, let's play badminton tomorrow morning.
G: I'd like to, but I can't. I have to go to hospital.
B: Why? Are you sick or something?
G: No, not me. My brother is in hospital now. He got a stomachache.
B: Oh, that's too bad.

소년: Janet, 내일 아침에 배드민턴을 치자.
소녀: 그러고 싶지만 그럴 수가 없어. 나는 병원에 가야 하거든.
소년: 왜? 너 아프거나 그런 거야?
소녀: 아니. 내가 아니야. 오빠가 지금 병원에 있어. 복통이 있었거든.
소년: 아, 그것 참 안됐네.

① 다 왔어.
② 나도 그렇게 생각해.
③ 나는 오늘 기분이 좋아.
④ 아, 그것 참 안됐네.

- Let's ~   ~을 하자
- play badminton   배드민턴을 치다
- tomorrow morning   내일 아침
- I'd like to, but I can't.   그러고 싶지만 그럴 수가 없어.
- have to ~   ~해야 한다
- hospital   병원
- sick   아픈
- ~ or something   ~따위, ~ 같은 것
- stomachache   복통
- Here we are.   다 왔다; 찾았다

- feel great 기분이 좋다
- That's too bad. 그것 참 안됐군.

Script

B: Hi, I'd like to check out these books.
W: OK. Can I see your library card?
B: Oh, I don't have any library card. Is there any way to check out the books without a card?
W: No, you must have one.
B: <u>Can I make one now?</u>

소년: 안녕하세요. 이 책들을 대출하고 싶습니다.
여자: 알겠어. 내가 너의 도서관 카드를 좀 볼 수 있을까?
소년: 오, 저는 도서관 카드가 없는데요. 카드 없이 책을 대출할 방법이 있을까요?
여자: 안 돼, 너는 카드가 있어야 해.
소년: <u>제가 지금 한 개 만들 수 있을까요?</u>

① 토요일이야.
② 제가 지금 한 개 만들 수 있을까요?
③ 여기에 너의 도서관 카드가 있어.
④ 너는 책 세 권을 빌릴 수 있어.

- check out (책 등을) 대출하다
- library card 도서관 카드
- I don't have any ~. 나는 어떤 ~도 갖고 있지 않다.
- Is there ~ ? ~가 있나요?
- way 길, 방법
- without ~없이
- Here is ~. 여기에 ~이 있다.
- borrow 빌리다

Script

G: Hey! Jim. What did you do last weekend?
B: Nothing special. I watched TV and stayed home. How about you?
G: I was planning to visit my uncle in Busan, but I couldn't.
B: What happened?
G: <u>I had a severe headache.</u>

소녀: 이봐! Jim. 너 지난 주말에 무엇을 했니?
소년: 특별히 한 것은 없어. 나는 TV를 보았고 집에 있었지. 너는 어땠니?
소녀: 나는 부산에 있는 삼촌을 방문할 계획이 있었지만 방문할 수가 없었어.
소년: 무슨 일이 있었는데?
소녀: <u>나는 심한 두통이 있었어.</u>

① 그것은 아주 멋졌어.
② 그것은 금요일에 있을 예정이야.
③ 나는 심한 두통이 있었어.
④ 너의 시험에 행운을 빌어.

- last weekend 지난 주말에
- nothing special 특별한 것은 없어[없었어]
- nothing 아무것도 ~아닌
- special 특별한
- watch TV TV를 보다
- stay (at) home 집에 머물다
- be planning to + 동사원형 ~하려고 계획 중이다
- uncle 삼촌, 고모부
- What happened? 무슨 일이 일어났니?
- Friday 금요일
- severe 심한, 심각한
- headache 두통
- luck 행운
- exam 시험

Script

G: Do you know what time the movie starts?
B: It starts at 8 o'clock.
G: What time is it now?
B: It is ten before eight.
G: <u>We must hurry.</u>

소녀: 너는 언제 영화가 시작하는지 아니?
소년: 그것은 8시에 시작해.
소녀: 지금이 몇 시지?
소년: 8시 10분 전이야.
소녀: <u>우리는 서둘러야만 해.</u>

① 우리는 서둘러야만 해.
② 영화는 멋졌어.
③ 영화관 앞에서.
④ 나는 그것이 너의 것이라고 생각하지 않아.

- Do you know ~? 너는 ~을 알고 있니?
- what time 몇 시에
- movie 영화
- start 시작하다
- at 8:00 o'clock 8시에
- What time is it (now)? (지금) 몇 시지?
- before ~전에
- ten before eight 8시 10분 전
- hurry 서두르다
- in front of ~ ~ 앞에
- theater 영화관
- yours 너의 것

29

Script
M: Don't forget to take an umbrella when you go out.
G: Dad. Look at the weather outside. It's really sunny.
M: Yeah, according to the weather forecast, we will be having a shower tonight.
G: Really? I didn't know that.
M: So take your umbrella.

남자: 너 나갈 때 우산 갖고 가는 것 잊지 마.
소녀: 아빠. 밖에 날씨 좀 보세요. 정말 화창한 날씨예요.
남자: 음. 날씨 예보에 따르면 오늘 밤 소나기가 올 거라던데.
소녀: 정말요? 전 그걸 몰랐네요.
남자: 그러니 네 우산을 가져 가.

① 이것은 너를 위한 거야.
② 나는 노란 것이 좋아.
③ 그러니 네 우산을 가져 가.
④ 너는 오늘 밤 공책을 한 권 사야 해.

• Don't forget to ~.   ~할 것을 잊지 마라.
• take   갖고 가다
• umbrella   우산
• go out   외출하다, 밖으로 나가다
• Look at ~.   ~을 봐라.
• weather   날씨
• outside   바깥에
• really   정말로
• sunny   해가 난, 화창한
• according to ~   ~에 따르면
• weather forecast   날씨 예보
• shower   소나기
• notebook   공책

박물관 개장 시간
• 월, 수, 금: 오전 10시 ~ 오후 5시
• 화, 목, 토: 오전 9시 ~ 오후 7시
• 일요일: 휴관

Script
① The museum opens seven days a week.
② The museum closes at 5 p.m. on Friday.
③ You can visit the museum on Saturday.
④ You can't visit the museum on Sunday.

① 박물관은 일주일에 7일 동안 문을 연다.
② 박물관은 금요일에는 저녁 5시에 문을 닫는다.
③ 당신은 토요일에 박물관을 방문할 수 있다.
④ 당신은 일요일에 박물관을 방문할 수 없다.

• museum   박물관, 미술관
• open   문을 열다
• seven days a week   일주일에 7일 동안
• close   문을 닫다
• on Friday   금요일에
• can   ~할 수 있다
• visit   방문하다
• can't   ~할 수 없다

Script
① You can get a free coke with this coupon.
② You can get two burgers with this coupon.
③ You can use the coupon until the end of the year.
④ You can get a dollar discount with this coupon.

① 당신은 이 쿠폰으로 공짜 콜라를 한 개 받을 수 있습니다.
② 당신은 이 쿠폰으로 버거 두 개를 받을 수 있습니다.
③ 당신은 연말까지 쿠폰을 사용할 수 있습니다.
④ 당신은 이 쿠폰으로 1달러의 할인을 받을 수 있습니다.

• free   무료의, 공짜의
• coke   콜라, 코카콜라
• coupon   쿠폰
• use   사용하다
• until   ~때까지
• the end of year   연말
• discount   할인

Script
① The woman is watering flowers.
② The woman is wearing blue jeans.
③ The man is jump-roping at the garden.
④ The man is wearing a training suit.

① 여자는 꽃에 물을 주고 있다.
② 여자는 청바지를 입고 있다.
③ 남자는 정원에서 줄넘기를 하고 있다.
④ 남자는 운동복을 입고 있다.

• water   물; 물을 주다
• wear   착용하다
• blue jeans   청바지
• jump-rope   줄넘기를 하다
• garden   정원
• training suit   운동복

29

Script

① A: How are you doing?
　B: Pretty good. And you?
　A: Actually I'm a little tired.
② A: Are you good at in-line skating?
　B: Yes, I am. Do you want to try it?
　A: Yes, I'd love to.
③ A: I went to Busan with my family.
　B: How did you go there?
　A: We took a plane.
④ A: Why don't we go to the bookstore tomorrow?
　B: OK. What time?
　A: Oh, it was yesterday.

① A: 어떻게 지내니?
　B: 괜찮아. 그런데 너는?
　A: 사실은 나 좀 피곤해.
② A: 너 인라인 스케이트 잘 타니?
　B: 응, 그래. 너 그거 해 보고 싶니?
　A: 응, 나 정말 해 보고 싶어.
③ A: 나는 가족과 함께 부산에 갔었어.
　B: 너는 거기에 어떻게 갔니?
　A: 우리는 비행기를 탔어.
④ A: 우리 내일 서점에 가지 않을래?
　B: 좋아. 몇 시에?
　A: 오, 어제였네.

• How are you doing?　어떻게 지내니? (= How are you?)
• pretty　제법, 꽤
• actually　사실은
• a little　약간
• tired　피곤한
• be good at ~　~을 잘 하는
• try　해보다
• go to Busan　부산에 가다
• take a plane　비행기를 타다
• Why don't we ~?　우리 ~하지 않을래? (= Let's ~.)
• what time　몇 시
• yesterday　어제

30

Script

① A: Can I help you?
　B: Yes, please. Could I get a glass of water?
　A: Sure, here you are.
② A: When do you usually go to bed?
　B: I go to bed at 11:00 p.m.
　A: You are late again.
③ A: What is your favorite sport?
　B: I like basketball. How about you?
　A: I like volleyball a lot.
④ A: How can I find the theater?
　B: Go straight two blocks and make a left turn. It's on the corner.
　A: Thank you very much.

① A: 도와 드릴까요?
　B: 예. 그래 주세요. 물 한 잔 좀 마실 수 있을까요?
　A: 물론이죠. 여기 있어요.
② A: 너는 보통 언제 잠자리에 드니?
　B: 나는 밤 11시에 잠자리에 들어.
　A: 너 또 지각했구나.
③ A: 네가 가장 좋아하는 운동은 뭐니?
　B: 나는 농구를 좋아해. 너는?
　A: 나는 배구를 아주 좋아해.
④ A: 영화관을 어떻게 찾을 수 있죠?
　B: 똑바로 두 블록 가서 왼쪽으로 도세요. 그것은 모퉁이에 있어요.
　A: 정말 고맙습니다.

• Can [May] I help you?　도와 드릴까요?
• Could I ~?　내가 ~해도 될까요? (Can보다 더 정중한 표현)
• get　얻다
• a glass of water　물 한 잔
• Here you are.　여기 있어요. (물건을 건네 줄 때 씀 = Here it is.)
• usually　주로, 대개
• go to bed　잠자리에 들다
• be late　지각하다
• favorite　가장 좋아하는
• basketball　농구
• volleyball　배구
• a lot　많이
• theater　영화관
• go straight　똑바로 가다, 직진하다
• make a left turn　왼쪽으로 돌다, 좌회전하다

31

Script

① A: What are you doing?
  B: I'm doing my homework. Did you finish it?
  A: No, I haven't started yet.
② A: What are you going to do during the summer vacation?
  B: I'm planning to go to Europe.
  A: Wow, that'll be exciting.
③ A: May I borrow your pen?
  B: Sure, here it is.
  A: Thank you.
④ A: I'm going to a concert tonight. Would you like to join me?
  B: Sure. What kind of concert is it?
  A: It's not far from here.

① A: 너 뭘 하고 있니?
  B: 숙제를 하고 있어. 너는 그것을 끝냈니?
  A: 아니, 나는 아직 시작도 못했어.
② A: 여름 방학 동안에 뭘 하려고 하니?
  B: 나는 유럽에 가려고 계획 중이야.
  A: 와, 그거 신나겠다.
③ A: 내가 네 펜을 빌려도 될까?
  B: 물론이지, 여기 있어.
  A: 고마워.
④ A: 나는 오늘밤 콘서트에 가. 너 같이 갈래?
  B: 물론이지. 어떤 종류의 콘서트인데?
  A: 여기서 멀지 않아.

• do one's homework   숙제하다
• finish   끝내다
• yet   아직
• be going to ~ + 동사원형   ~할 예정이다
• during   동안
• summer vacation   여름 방학[휴가]
• be planning to ~   ~할 계획 중이다
• exciting   신나는
• May[Can] I ~?   내가 ~해도 될까요?
• borrow   빌리다
• Here it is.   여기 있어요. (= Here you are.)
• be going to + 장소   ~에 갈 예정이다; ~로 가고 있는 중이다
• tonight   오늘밤
• Would you like to + 동사원형~?   ~하시렵니까?
• join   함께 하다, 가입하다
• What kind of ~?   어떤 종류의 ~?
• far from ~   ~로부터 멀리 떨어진

32~33

Script

A: When is your birthday, Jane?
B: It's August 17th.
A: What's the date today?
B: August 14th.
A: Oh, today is Wednesday and Friday is your birthday?
B: Yes. Can you come to my birthday party? It'll be at my place at 5 p.m.
A: Sure, I'll see you there. What shall I bring?
B: Just come and enjoy the party.

A: 너 생일이 언제니, Jane?
B: 8월 17일이야.
A: 오늘이 며칠이지?
B: 8월 14일.
A: 오, 오늘이 수요일이고 금요일이 네 생일?
B: 응. 내 생일 파티에 올 수 있니? 우리 집에서 오후 5시에 할 거야.
A: 물론이지, 거기서 봐. 내가 무엇을 갖고 갈까?
B: 그냥 와서 파티만 즐기면 돼.

32

Jane의 생일은 무슨 요일인가요?
① 수요일   ② 목요일   ③ 금요일   ④ 토요일

33

Jane은 어디에서 파티를 열 예정인가요?
① 학교에서   ② 그녀의 집에서
③ 음식점에서   ④ 소년의 집에서

• birthday   생일
• August   8월
• What's the date today?   오늘이 며칠이지?
• place   집, 사는 곳
• there   거기에서
• What shall I ~?   내가 무엇을 ~ 할까?
• bring   가져 오다
• enjoy   즐기다
• Wednesday   수요일
• Thursday   목요일
• Friday   금요일
• Saturday   토요일

Reading Part

34

신나는	훌륭한	재미있는

① 손[발]톱   ② 걷다   ③ 스카프   ④ 멋있는

주어진 세 단어들은 모두 wonderful (멋있는)과 비슷한 의미이다.

 35

	아침	저녁	정오	

① 달　　　　② 밤　　　　③ 오늘　　　　④ 여름

하루 중의 때를 나타내는 단어들이 등장하고 있으므로 '밤'을 뜻하는 night가 가장 적절하다.

 36

> ① 그녀의 취미는 기타 연주이다.
> ② 너는 아주 훌륭한 테니스 선수이다. (테니스를 아주 잘 친다.)
> ③ 그는 장래에 의사가 되기를 원한다.
> ④ 나는 매일 아침 7시에 조깅을 하러 간다.

③ want to → wants to
주어가 He(3인칭 단수)이고 일반동사인 want(원하다)는 현재를 나타내므로 s를 붙여 wants가 되어야 한다.

• hobby　취미
• in the future　미래에
• want to be ~　~가 되기를 원하다
• go jogging　조깅하러 가다
• every morning　매일 아침

 37

> ① 미국으로의 너의 여행이 어땠니?
> ② 언니는 오빠보다 더 키가 크다.
> ③ 우리 학교에서 몇 시에 만날까?
> ④ 그는 음악 듣는 것에 흥미가 있다.

② tall → taller
'~보다 더 …하다' 라고 비교하는 표현은 형용사나 부사 뒤에 -er을 붙이므로 tall은 taller라고 써야 한다.

• trip to 장소　~로의 여행
• What time shall we meet ~?　우리 몇 시에 ~ 만날까?
• be interested in ~　~에 흥미가 있다
• listen to music　음악을 듣다

 38

> A: 도와 드릴까요?
> B: 예, 저는 제 안경을 (찾고) 있어요.

① 걷고 있는　　　　　　② 착용하고 있는
③ ~을 찾고 있는　　　　④ 돕고 있는

• look for　~을 찾다

 39

> A: 당신은 거기에 얼마나 (오랫동안) 머무를 건가요?
> B: 나는 약 1주일 동안 거기에 머물 겁니다.

① 오랫동안　　② 멀리　　③ 큰　　④ 많은

• how long　얼마나 오랫동안
• stay there　거기에 머물다
• for about a week　약 1주일 동안

 40

> A: 나는 이 수학 문제가 잘 해결이 안 돼. 도와 줄 수 있겠니?
> B: 물론이지, 어디 보자.

① 계획　　② 연극　　③ 취미　　④ 문제

• math　수학
• Sure.　물론이지. 그럴게.
• Let me ~.　내가 ~ 할게.

 41

> 나는 달러를 한국 원화로 바꾸고 싶어.

① 말하는 사람은 은행에서 일하고 있다.
② 말하는 사람은 환전하고 싶어 한다.
③ 말하는 사람은 자기가 산 것에 대해 돈을 내고 있다.
④ 말하는 사람은 지금 돈이 없다.

• I'd like to ~　~하고 싶다
• exchange　바꾸다, 교환하다
• work at a bank　은행에서 일하다
• pay for　~을 지불하다
• buy　사다 (buy-bought-bought)
• at the moment　바로 지금, 당장은

 42

> 나는 다이어트 중이기 때문에 9시 이후에는 아무것도 먹지 않아.

① 말하는 사람은 요리에 재능이 있다.
② 말하는 사람은 체중을 줄이기를 원한다.
③ 말하는 사람은 항상 저녁에 외식을 한다.
④ 말하는 사람은 새로운 것을 먹고 싶어 한다.

• anything　아무것도
• after ~　~후에
• be on a diet　다이어트 중인

- lose weight   살을 빼다
- eat out   외식하다
- something new   새로운 것

- try on   입어[신어]보다
- expensive   비싼
- look good on ~   ~에게 잘 어울리다

파티가 따분했지, 그렇지 않니?

① 말하는 사람은 파티에 가지 않았다.
② 말하는 사람은 파티를 즐기기 않았다.
③ 말하는 사람은 파티에 초대받지 않았다.
④ 말하는 사람은 파티에서 재미있는 시간을 보냈다.

- boring   따분한, 지겨운
- go to the party   파티에 가다
- wasn't invited to ~   ~에 초대받지 않았다
- have a great time   즐거운 시간을 보내다

나는 영어 말하기 대회에서 1등상을 받았어.

① 말하는 사람은 영어 말하기를 두려워했다.
② 말하는 사람은 대회를 위해 영어 연습을 하고 있다.
③ 말하는 사람은 영어 대회에서 상을 받고 싶어 했다.
④ 말하는 사람은 영어 말하기 대회에서 최고상을 수상했다.

- win   상을 받다; 우승하다
- first prize   1등상
- speaking contest   말하기 대회
- be afraid of ~   ~을 두려워하다
- practice   연습하다
- best   최고의

A: 실례합니다, 야구 모자 있나요?
B: 네, 있어요. 어떤 색깔을 원하세요?
A: 검정색을 원해요.
B: 이것은 어떠세요? 신상품이에요.
A: 제가 그것을 써 봐도 될까요?
B: 물론이죠. 여기 있어요.

① 제가 그것을 써 봐도 될까요?
② 제가 그에게 말을 걸어도 되나요?
③ 그것은 너무 비싸요.
④ 그것은 당신에게 잘 어울리네요.

- cap   (창 달린) 모자
- How about ~?   ~은 어떠세요?
- a new one   새 것
- Here you are.   (물건을 건네주며) 여기 있어요.

A: 너 매주 수요일마다 어디에 가니?
B: 나는 나이 드신 분들을 위한 장소를 방문해.
A: 너는 거기에서 무엇을 하니?
B: 나는 나이 드신 분들에게 컴퓨터 사용법을 가르쳐 드리지.
A: 와! 나도 그분들을 돕고 싶어. 내가 너랑 같이 해도 될까?
B: 물론이지.

① 너는 거기에서 무엇을 하니?
② 너는 그분들을 어떻게 아니?
③ 너 어제 어디에 있었니?
④ 너 언제 일을 시작했니?

- where   어디로
- every Wednesday   매주 수요일에
- place   장소
- teach A how to   ~ A에게 ~하는 방법을 가르치다
- join   함께 하다
- start -ing   ~하는 것을 시작하다

A: 나는 이것이 좋은 영화라고 생각해. 너 나랑 같이 가지 않을래?
B: 좋아, 몇 시에?
A: 이번 주 금요일 저녁이 어때?
B: 음, 내게는 좋은 시간이 아니네. 일요일은 어떨까?
A: 난 괜찮아.
B: 좋아. 그것 보고 싶어 못 견디겠는 걸.

① 난 괜찮아.
② 나는 이미 그 영화를 보았어.
③ 아니, 나는 그것에 흥미가 없어.
④ 그것은 아주 따분한 영화였어.

- I think ~.   나는 ~라고 생각해.
- Would you like to ~?   ~하고 싶니?
- go with me   나와 함께 가다
- What time?   몇 시에?
- I can't wait to ~.   ~하고 싶어 못 견디겠어.
- fine with ~   ~에게는 괜찮다
- already   이미, 벌써
- be not interested in ~   ~에 흥미가 없다
- such a boring movie   아주 따분한 영화

> 3. 여보세요. Smith 부인과 통화할 수 있을까요?
> 1. 전데요.
> 2. 안녕하세요, Smith 부인. 저는 Kate예요.
> 5. 안녕, Kate. 어떻게 지냈니?
> 4. 잘 지냈어요. 고맙습니다.

- Speaking.   전데요. 〈전화 대화〉
- This is Kate.   저는 Kate예요. 〈전화 대화〉
- May I speak to ~?   ~와 통화할 수 있을까요?
- How have you been?   어떻게 지냈니?

> 1. James, 밖으로 나가 축구하자.
> 4. 나 집에 있는 것이 낫겠어. 컨디션이 좋지 않아.
> 2. 무슨 문제가 있니? 너 아프니?
> 5. 응, 나는 열과 두통이 있어.
> 3. 아, 그 말을 들으니 맘이 아프구나.

- play football   축구하다
- What's wrong?   무슨 일 있니?
- I'm sorry to hear that.   그 말을 들으니 마음이 아프구나.
- I'd (= I had) better ~   ~하는 편이 낫다
- fever   열
- headache   두통

50~51

> 무료 E-card 사용 시스템
> 최고의 3 E-cards
> 1. 여름을 생각하세요
> 2. 최고의 아빠
> 3. 생일 축하합니다
> 여기에 당신이 사용할 수 있는 무료 e-card들이 있습니다. 당신의 정보를 아래 각각의 네모 칸 안에 타이핑하세요. 그런 다음 '보내기' 버튼을 클릭하세요.

당신은 이 게시문을 아마도 어디에서 볼 수 있을까요?
① 라디오   ② 인터넷
③ 텔레비전   ④ 전화번호부

상자에 당신의 정보를 입력한 후 당신은 무엇을 해야 합니까?
① 카드를 쓴다.
② 당신의 신분증을 보낸다.
③ '보내기' 버튼을 누른다.
④ 무료 전화카드를 받는다.

- free   무료의
- summer   여름
- use   사용하다
- type   타이핑하다
- information   정보
- below   아래에 있는
- then   그러고 나서
- click   클릭하다
- send   보내다
- probably   아마도
- notice   게시문
- ID card   신분증

52~53

> 2014년 8월 28일
> 아침식사를 한 후 우리는 대략 12시에 캠프를 떠났다. 집으로 돌아오는 길에 우리는 무주 근처에 있는 유명한 절을 방문 했다. 그 절은 아주 오래되었지만 아름다웠다. 우리는 절 앞에서 사진을 찍었다. 캠프 기간 동안 나는 아주 재미있는 시간을 보냈고 몇몇 새로운 친구를 사귀었다.

이것은 어떤 종류의 글인가요?
① 일기   ② 시   ③ 경고문   ④ 광고

글쓴이는 캠프를 떠난 뒤 무엇을 했나요?
① 그는 아침 식사를 했다.
② 그는 캠프에서 사진을 찍었다.
③ 그는 집에 가서 휴식을 취했다.
④ 그는 오래되었지만 아름다운 절을 방문했다.

- after   ~후에
- have breakfast   아침식사를 하다 (had-had)
- leave   떠나다 (left-left)
- on our way back home   우리가 집으로 돌아오는 길에
- visit   방문하다
- famous   유명한
- temple   절
- old   오래된
- beautiful   아름다운
- take pictures   사진을 찍다
- in front of ~   ~ 앞에서
- have so much fun   아주 즐거운 시간을 보내다
- make a friend   친구를 사귀다
- during   ~동안
- poem   시
- diary   일기
- warning   경고(문)
- advertisement   광고

54~55

받는 사람: Abby ⟨abbyangel@email.net⟩
보내는 사람: Susan ⟨susanpearl@email.net⟩
제목: 저는 어떻게 해야 할까요?

Abby에게,

저는 우리 가족 중에서 유일한 여자 아이입니다. 저는 오빠가 셋 있지요. 저는 설거지와 빨래를 거의 항상 하고 있어요. 어머니가 일을 하셔서 저는 종종 오빠들을 위해 요리도 합니다. 제 오빠들은 제가 집안 청소하는 것을 전혀 도와주지 않아요. 저는 집안의 모든 일을 하는 것에 지쳤어요. 저는 어떻게 해야 할까요?

Susan으로부터

이 글의 목적은 무엇인가요?
① 사람들을 초대하기 위해
② 친구를 사귀기 위해
③ 요리를 배우기 위해
④ 조언을 구하기 위해

글쓴이에 대해 알 수 없는 것은 무엇인가요?
① 글쓴이의 이름　　　② 글쓴이의 취미
③ 글쓴이의 문제　　　④ 글쓴이의 이메일 주소

• only　유일한
• almost　거의
• always　항상
• do the dishes　설거지하다
• clothes　옷
• often　종종
• help　돕다
• clean　깨끗이 하다
• be tired of ~　~에 지치다
• purpose　목적
• invite　초대하다
• ask for ~　~을 요청하다
• advice　조언
• address　주소

Writing Part

A: 너는 방과 후에 주로 무엇을 하니?
B: 나는 주로 수영을 하러 가.

• usually　주로, 대개
• after school　방과 후에
• go swimming　수영하러 가다

A: 너의 여동생은 몇 살이니, Jinny야?
B: 그녀는 여덟 살이야.

• How old ~?　~은 몇 살이니?

3~4

어린이들이 하고 싶어 하는 것	퍼센트
그리기	7%
운동 경기하기	26%
컴퓨터 게임하기	34%
음악 듣기	21%
기타	12%

이 그래프는 어린이들이 자유 시간에 하고 싶어 하는 일이 무엇인지를 보여준다. 3. 7퍼센트의 아이들은 그림 그리는 것을 좋아한다. 아이들은 컴퓨터게임 하는 것을 가장 좋아한다. 아이들은 음악 듣는 것보다 운동경기 하는 것을 4. 더 많이 좋아한다.

• show　보여 주다
• children　어린이들
• free time　여가 시간
• drawing　그리기
• most　가장 많이
• more than ~　~보다 많이
• listen to music　음악을 듣다

A: 너 내 필통 보았니?
B: 나는 그것이 탁자 밑에 있는 것을 보았어.

• pencil case　필통
• see　보다 (see-saw-seen)
• under the table　탁자 밑에

실전모의고사 2

Listening Part

1 ②	2 ④	3 ④	4 ①
5 ②	6 ③	7 ④	8 ②
9 ①	10 ③	11 ③	12 ④
13 ③	14 ②	15 ④	16 ①
17 ④	18 ④	19 ④	20 ①
21 ④	22 ①	23 ①	24 ①
25 ①	26 ④	27 ②	28 ①
29 ④	30 ①	31 ④	32 ③
33 ③			

Reading Part

34 ③	35 ①	36 ④	37 ④
38 ①	39 ②	40 ③	41 ①
42 ③	43 ③	44 ②	45 ③
46 ③	47 ④	48 ③	49 ②
50 ①	51 ②	52 ②	53 ③
54 ③	55 ③		

Writing Part

1 rainy　2 go　3 name　4 three
5 taxi, driver

Listening Part

Script

① Rainy　② Easy　③ Cloudy　④ Snowy

① 비가 내리는　② 쉬운
③ 구름이 낀　④ 눈이 내리는

Script

① Farmer　② Teacher　③ Doctor　④ Hobby

① 농부　② 선생님
③ 의사　④ 취미

Script

They are watching a basketball game on TV.

그들은 TV로 농구 경기를 시청하고 있다.

• watch　보다
• basketball game　농구 경기
• on TV　TV로

Script

There is a vase by the window.

창문 옆에 꽃병이 하나 있습니다.

• There is[are] + 단수명사[복수명사].　~이 있다.
• vase　꽃병
• by　~ 옆에
• window　창문

Script

A dog is sleeping on the bed.

개 한 마리가 침대에서 자고 있습니다.

• sleep　자다
• on the bed　침대에서

Script

B: Sally, can you ride a bike?
G: Yes, my father taught me. How about you?
B: I can't, but I want to. Can you teach me how to ride?
G: Sure, let's go to the park right now.
B: OK, let's go!

소년: Sally, 너 자전거 탈 수 있니?
소녀: 응, 아빠가 나에게 가르쳐 주셨어. 너는?
소년: 나는 못 타는데 타고 싶어. 네가 나에게 자전거 타는 법을 가르쳐 줄래?
소녀: 그럴게, 지금 당장 공원으로 가자.
소년: 좋았어, 가자!

• ride a bike　자전거를 타다
• teach　가르쳐 주다 (teach-taught-taught)
• how to ride　타는 법
• park　공원
• right now　지금 당장

Script

G: Brian, how was your vacation?
B: It was great. I went to Busan with my family.
G: How did you get there?
B: We took a train. It only took less than three hours to get there.
G: Oh, that was fast.

소녀: Brian, 휴가는 어땠니?
소년: 멋졌지. 나는 가족과 함께 부산에 갔어.
소녀: 너 거기에 어떻게 갔니?
소년: 우리는 기차를 탔어. 거기에 도착하는 데 단 3시간도 걸리지 않았어.
소녀: 오, 빨리 갔구나.

• How was ~?   ~은 어땠니?
• vacation   휴가, 방학
• get there   거기에 도착하다
• take   (교통수단을) 타다, (시간이) ~ 걸리다 (take-took-taken)
• less than ~   ~ 미만으로
• hour   시간
• fast   빠른

Script

B: What are you making?
G: I'm making spaghetti. Do you like Italian food?
B: Yes, especially I like pizza.
G: I'll make pizza for you next time then.
B: Oh, that's so kind.

소년: 너는 무엇을 만들고 있니?
소녀: 스파게티를 만들고 있어. 너 이탈리아 음식 좋아하니?
소년: 응, 특히 나는 피자가 좋아.
소녀: 그러면 내가 다음번에 너에게 피자를 만들어 줄게.
소년: 오, 정말 친절하구나.

• Italian   이탈리아의; 이탈리아 사람
• especially   특히
• make A for B   B에게 A를 만들어 주다
• next time   다음번에
• then   그러면

Script

G: Do you want to go for a movie this weekend?
B: Sure.
G: Let's meet in front of the theater at 11 o'clock.
B: Well, I think I have to help my mom in the morning. What about two o'clock?
G: No problem.

소녀: 너 이번 주말에 영화 보러 가고 싶니?
소년: 그럼.
소녀: 11시에 영화관 앞에서 만나자.
소년: 글쎄, 나는 오전에 엄마를 도와 드려야 할 것 같아. 2시는 어때?
소녀: 문제 없지.

• go for a movie   영화 보러 가다
• this weekend   이번 주말에
• in front of ~   ~ 앞에서
• theater   영화관 (= movie theater)
• have to ~   ~ 해야 한다
• in the morning   오전에, 아침에
• What about ~?   ~은 어떨까?
• No problem.   문제 없어.

Script

B: What kind of book are you looking for?
G: I'm looking for some of Harry Potter series.
B: Are you going to buy them?
G: Yes, they're really interesting.
B: Look, they're over there.
Q. Where are they now?

소년: 너는 어떤 종류의 책을 찾고 있니?
소녀: 몇몇 Harry Potter 시리즈를 찾고 있어.
소년: 너 그것들을 살 거니?
소녀: 응, 그것들은 정말 재미있어.
소년: 봐, 그것들이 저쪽에 있네.
Q. 그들이 지금 어디에 있나요?

• what kind of ~   어떤 종류의 ~
• some of ~   몇몇 ~, ~ 중 일부
• Are you going to ~?   너 ~ 할 계획이니?
• interesting   재미있는
• over there   저쪽에

W: Hello, can you tell me what time your store closes?
M: We close at 8 pm everyday.
W: Great. I still have time. Do you have a tuna sandwich?
M: Yes, we do.
W: Good. I'll stop by this evening.
Q. What is the woman doing now?

여자: 안녕하세요, 가게가 언제 닫는지 내게 말해 줄 수 있나요?
남자: 우리는 매일 저녁 8시에 닫습니다.
여자: 잘됐네요. 아직 시간이 있군요. 참치 샌드위치 있어요?
남자: 예, 있어요.
여자: 좋아요. 내가 오늘 저녁에 들르죠.
Q. 여자는 지금 무엇을 하고 있나요?

- what time   몇 시에
- store   가게, 상점
- close   문을 닫다
- pm   오후 (cf. am   오전)
- everyday   매일
- still   아직
- have time   시간이 있다
- tuna   참치
- stop by   들르다
- this evening   오늘 저녁에

M: Can I help you?
G: Yes, do you have these pants in brown?
M: Let's see. What size do you wear?
G: Medium, I think.
M: Here you are. The fitting room is over there.
Q. Which clothing item is the girl going to try on?

남자: 도와 드릴까요?
소녀: 예, 이 바지 갈색으로 있어요?
남자: 어디 볼까요. 손님은 몇 사이즈를 입나요?
소녀: 미디엄이죠.
남자: 여기 있어요. 탈의실은 저쪽이에요.
Q. 소녀는 어떤 의류 품목을 입어 볼 예정인가요?

- pants   바지
- size   크기, 치수
- medium   중간 크기의
- Here you are.   여기 있어요. 〈물건 건네줄 때〉
- fitting room   탈의실
- clothing item   의류 품목
- try on   입어 보다

G: Brian, long time no see. Where have you been?
B: Hi, Jessica. I've been to Jeju island.
G: Oh, really? What did you do there?
B: I visited my uncle and helped him pick up oranges. He grows oranges.
G: Oh, you must have eaten lots of oranges.
Q. What did the boy do in Jeju island?

소녀: Brian, 오랜만이다. 너 어디에 있었니?
소년: 안녕, Jessica. 나 제주도에 갔다 왔어.
소녀: 오, 정말? 거기서 뭘 했는데?
소년: 삼촌을 방문해서 오렌지 따는 것을 도와드렸지. 삼촌은 오렌지를 재배하시거든.
소녀: 오, 너 오렌지 많이 먹었겠구나.
Q. 소년은 제주도에서 무엇을 했나요?

- Long time, no see.   오랜만이다.
- Where have you been?   너 어디에 있었니?
- I've been to ~.   나는 ~에 갔다 왔다; 가 본 적이 있다
- island   섬
- pick up   따다, 줍다
- grow   재배하다, 기르다
- must have p.p.   ~했음에 틀림없다
- lots of ~   많은 (= a lot of ~)

B: How cute it is!
G: Thanks. My mom bought it to me for my birthday.
B: Good for you. You must be really happy.
G: I am. Especially when it says meow, it is so lovely.
B: Oh, I can imagine that. I want to have a pet, too.
Q. What is the girl's pet?

소년: 이거 정말 귀엽네!
소녀: 고마워. 우리 엄마가 내 생일 선물로 나에게 사 주셨어.
소년: 잘됐구나. 너 정말 기분 좋았겠다.
소녀: 그랬지. 특히 '야옹'이라고 할 때 정말 사랑스러워.
소년: 오, 나 그게 뭔지 상상이 돼. 나도 애완동물을 갖고 싶다.
Q. 소녀의 애완동물은 무엇인가요?

- cute   귀여운
- Good for you.   잘됐구나.; 축하해.
- must   ~ 임에 틀림없다
- especially   특히
- meow   고양이의 '야옹' 소리
- lovely   사랑스러운
- imagine   상상하다
- pet   애완동물

 15

Script

(B) This is my friend, James. He is wearing glasses. He is going to play a baseball game after school, so he brought a bat and a baseball. He says he wants to be a baseball player in the future. I think he can be a good baseball player.

이 사람은 내 친구 James입니다. 그는 안경을 쓰고 있습니다. 그는 방과 후에 야구 시합을 할 예정이라 야구 방망이와 야구공을 가져 왔습니다. 그는 장래에 야구선수가 되고 싶다고 말합니다. 나는 그가 훌륭한 야구선수가 될 수 있다고 생각합니다.

- This is ~.   이 사람은 ~입니다.
- glasses   안경
- be going to ~   ~ 할 예정이다, ~ 하려고 한다
- baseball   야구 경기; 야구공
- after school   방과 후에
- bring   가지고 오다 (bring-brought-brought)
- say   말하다 (say-said-said)
- in the future   장래에, 미래에

 16

Script

(W) There are two kinds of books. One is a book about animals. There is an animal picture on the cover of the book. And the other one is a book about fruits. There is a fruit picture on the cover of the book.

두 가지 종류의 책이 있습니다. 하나는 동물에 관한 책입니다. 그 책의 표지에는 동물 사진이 있습니다. 그리고 다른 하나는 과일에 대한 책입니다. 그 책의 표지에는 과일 사진이 있습니다.

- two kinds of ~   두 가지 종류의 ~
- about   ~에 관한
- cover   표지
- the other one   다른 하나
- fruit   과일

 17

Script

W: What would you like to have, sir?
M: I'd like fried chicken and a coke, please.
W: Anything else?
M: And a green salad, please.
W: OK, I'll be right back.

여자: 뭘로 드시겠습니까, 고객님?
남자: 프라이드 치킨과 콜라 하나 주세요.
여자: 다른 것도 필요하신 것 있나요?
남자: 야채 샐러드 하나요.
여자: 알겠습니다. 바로 갖다 드리겠습니다.

남자가 주문하지 <u>않은</u> 것은 무엇인가요?
① 콜라   ② 샐러드   ③ 닭고기   ④ 야채 수프

- sir   이름을 모르는 남자에 대한 존칭
- fried   기름에 튀긴
- anything else   다른 어떤 것
- green salad   야채 샐러드
- right   바로
- I'll be back.   돌아오겠습니다.
- vegetable   야채
- soup   수프

 18

Script

G: Kevin, why didn't you come to the party? Everyone was waiting for you.
B: I'm sorry. I had to go to the hospital.
G: What happened? Are you sick?
B: No, not me. My brother got in a car accident.
G: Oh, that's too bad. I hope he'll get better soon.

소녀: Kevin, 너 왜 파티에 오지 않았니? 모두가 너를 기다리고 있었는데.
소년: 미안해. 나는 병원에 가야 했거든.
소녀: 무슨 일이 있었는데? 너 아프니?
소년: 아니, 내가 아니야. 우리 형이 자동차 사고를 당했어.
소녀: 오, 그것 참 안됐구나. 그가 빨리 회복되길 바라.

소년은 왜 병원에 갔나요?
① 그는 감기에 걸렸다.
② 그는 다리를 다쳤다.
③ 그는 두통이 있었다.
④ 그의 형이 다쳤다.

- everyone   모두
- wait for ~   ~를 기다리다
- had to ~   ~하지 않을 수 없었다 (have-had-had)
- hospital   병원
- happen   (일이) 일어나다 (happen-happened-happened)
- sick   아픈
- get in[into] a car accident   자동차 사고를 당하다 (get-got-gotten)
- get better   회복되다
- soon   곧
- have a cold   감기에 걸리다 (have-had-had)
- hurt one's leg   다리를 다치다
- have a headache   두통이 있다
- get hurt   다치다

Script

B: Sally, I think I lost my bag.
G: Where was the last place you saw it?
B: I think I left it in the subway train. What should I do?
G: Let's go to the subway station and check if it's there.
B: OK.

소년: Sally, 내 가방을 잃어버린 것 같아.
소녀: 네가 그것을 본 마지막 장소가 어디였니?
소년: 그것을 지하철 열차에 두고 온 것 같아. 어떻게 해야 하지?
소녀: 지하철역에 가서 그것이 거기에 있는지 확인해 보자.
소년: 그러자.

소년과 소녀는 어디로 갈 건가요?
① 버스 정류장으로　　　　② 소녀의 집으로
③ 소년의 집으로　　　　　④ 지하철 역으로

• lose　잃어버리다 (lose-lost-lost)
• last　마지막의
• place　장소
• leave　두고 오다 (leave-left-left)
• subway train　지하철 열차, 전동차
• subway station　지하철 역
• check　확인하다
• if　~인지 아닌지
• bus stop　버스 정류장

Script

W: Excuse me, can you tell me where I can exchange money?
M: Sure. There is a bank nearby.
W: Could you tell me where it is?
M: It's on Robson Street. It's between a supermarket and a post office.
W: Thank you.

여자: 실례합니다, 어디에서 돈을 환전할 수 있는 지 말해 주실 수 있나요?
남자: 물론이죠. 근처에 은행이 하나 있어요.
여자: 그것이 어디에 있는지 말해 주시겠어요?
남자: 그것은 Robson 거리에 있어요. 그것은 슈퍼마켓과 우체국 사이에 있지요.
여자: 감사합니다.

여자는 무엇을 찾고 있나요?
① 은행　　② 우체국　　③ 음식점　　④ 슈퍼마켓

• exchange　환전하다
• nearby　근처에

• between A and B　A와 B 사이에
• post office　우체국

Script

B: I think I need some exercise.
G: I exercise everyday at a gym and it's really good for my health. Do you want to join me?
B: Yes, I'd love to. It'll be more interesting when we go together.
G: I think so. Do you want to go to the gym now?
B: Yes, that's a good idea.

소년: 나는 운동이 좀 필요한 것 같아.
소녀: 나는 매일 체육관에서 운동을 하고 있는데 그것은 정말 나의 건강에 좋아. 너 나랑 같이 할래?
소년: 응, 정말 그러고 싶어. 우리가 같이 가면 더 재미있겠다.
소녀: 나도 그렇게 생각해. 지금 체육관에 갈래?
소년: 응, 그거 좋은 생각이네.

① 그녀는 거기에 있었어.
② 아니, 나는 그러지 않았어.
③ 너가 그것을 못 찾을 리 없어.
④ 응, 그거 좋은 생각이네.

• need　~이 필요하다
• exercise　운동; 운동하다
• gym　체육관 (=gymnasium)
• be good for ~　~에 좋다
• health　건강
• join　함께 하다
• I'd love to.　나 정말 그러고 싶어.
• more interesting　더 재미있는
• You can't miss it.　못 찾을 리 없어요. 〈길을 알려줄 때〉

Script

B: What kind of book are you reading?
G: I'm reading a novel. Do you like reading?
B: Yes, that's one of my favorites. What else do you do in your free time?
G: I go swimming. Do you like swimming, too?
B: No, I don't.

소년: 너는 어떤 종류의 책을 읽고 있니?
소녀: 소설을 읽고 있어. 너 독서 좋아하니?
소년: 응, 그것은 내가 가장 좋아하는 일 중의 하나야. 여가 시간에 너는 다른 것은 뭘 하니?
소녀: 나는 수영을 하러 가. 너도 수영 좋아하니?
소년: 아니, 난 좋아하지 않아.

① 아니, 난 좋아하지 않아.
② 이것은 너의 것이야.
③ 나는 그것을 끝내지 않았어.
④ 나는 어제 거기에 갔어.

- novel   소설
- favorite   가장 [특히] 좋아하는 것
- what else   다른 무엇
- go swimming   수영하러 가다

Script

B: Mom, I took a math test today.
W: How was your test?
B: It was really difficult.
W: Honey, since you studied hard, you'll get a good grade.
B: I hope so.

소년: 엄마, 저 오늘 수학시험을 보았어요.
여자: 시험은 어땠니?
소년: 정말 어려웠어요.
여자: 얘야, 열심히 공부했으니까 너는 좋은 성적을 얻을 거야.
소년: 저도 그러길 바라요.

① 저도 그러길 바래요.
② 그거 멋졌어요.
③ 여기 있어요.
④ 괜찮아요.

- take a test   시험을 보다 (take-took-taken)
- math   수학
- difficult   어려운
- honey   얘야〈아이나 연인 등을 부를 때〉
- since   ~이니까
- grade   성적, 학점; 학년
- That's all right.   괜찮아요. (= That's OK.)

Script

G: Tom, can you come to my birthday party?
B: Sure, when is it?
G: 2 pm this Friday.
B: Where will it be?
G: At my house.

소녀: Tom, 내 생일파티에 와 줄 수 있니?
소년: 그럴게, 언제야?
소녀: 이번 주 금요일 오후 2시야.
소년: 어디에서 할 건데?
소녀: 우리 집에서.

① 우리 집에서   ② 탁자 밑에
③ 오후에   ④ 기꺼이

- come to ~   ~로 오다
- in the afternoon   오후에
- pleasure   기쁨, 즐거움

Script

M: Autumn is just around the corner!
W: Yes, it is getting cold these days.
M: There are many people wearing a jacket and a sweater on the street.
W: Yes, right. I like this weather most. How about you?
M: I like winter better.

남자: 가을이 코앞에 다가왔네!
여자: 응, 요즘 날씨가 점점 추워지고 있어.
남자: 거리에 재킷과 스웨터를 입은 사람들이 많아.
여자: 그래, 맞아. 나는 이런 날씨가 가장 좋아. 너는 어때?
남자: 나는 겨울이 더 좋아.

① 나는 겨울이 더 좋아.
② 너무 어둡기 때문이야.
③ 나는 재킷을 가져오지 않았어.
④ 나는 영화 보는 것을 좋아해.

- autumn   가을 (= fall)
- just around the corner   코앞에 다가와 있는, 임박한
- get cold   추워지다
- these days   요즘
- weather   날씨
- most   가장
- winter   겨울
- better   더
- watch movies   영화를 보다

도서관 (개관) 시간
• 월요일 ~ 수요일: 오전 9시 ~ 오후 5시 • 목요일 ~ 금요일: 오전 10시 ~ 오후 8시   토요일과 일요일은 휴관합니다.

Script

① You can check out books on Friday.
② The library opens at 10 am on Thursday.
③ The library closes at 5 pm on Wednesday.
④ You can study at the library on weekends.

① 당신은 금요일에 책을 빌려갈 수 있습니다.
② 도서관은 목요일, 오전 10시에 엽니다.

③ 도서관은 수요일에는 오후 5시에 닫습니다.
④ 당신은 주말에 도서관에서 공부할 수 있습니다.

• check out   (책을) 빌리다
• close   문을 닫다
• on weekends   주말에

스포츠 교습

강의 제목	시간	장소
농구	오전10시 ~ 오전 11시	2층 체육관
테니스	오후 1시 ~ 오후 3시	3층 체육관
수영	오후 4시 ~ 오후 6시	1층 체육관

Script

① Swimming class is for three hours.
② You can take a basketball class in the morning.
③ You should go to the second floor for a tennis class.
④ You can learn swimming at the gym on the third floor.

① 수영 강습은 3시간 동안 이루어집니다.
② 당신은 오전에 농구 강습을 수강할 수 있습니다.
③ 당신은 테니스 강습을 받으려면 2층으로 가야 합니다.
④ 당신은 3층에 있는 체육관에서 수영을 배울 수 있습니다.

• lesson   교습
• course   강의, 강좌
• title   제목
• floor   층
• hour   시간
• take   (강의를) 수강하다

Script

① The woman is washing dishes.
② The woman is wearing an apron.
③ The man is reading a newspaper.
④ The man is wearing a white shirt.

① 여자는 접시를 닦고 있다.
② 여자는 앞치마를 두르고 있다.
③ 남자는 신문을 읽고 있다.
④ 남자는 흰색 셔츠를 입고 있다.

• wash   씻다, 닦다
• dish   접시 (복수: dishes)
• apron   앞치마, 에이프런
• newspaper   신문

Script

① A: How much is it?
   B: It's two dollars. Would you like to take it?
   A: Yes, please.
② A: May I try on this shirt?
   B: Sure, the fitting room is here.
   A: Thank you.
③ A: What do you do on weekends?
   B: I go inline-skating every weekend.
   A: Oh, you must be good at it.
④ A: What time does the movie start?
   B: It starts at 3:00 pm. Do you want something to drink?
   A: It was really interesting, wasn't it?

① A: 이거 얼마죠?
   B: 2달러입니다. 그것을 사시겠습니까?
   A: 예, 그러죠.
② A: 내가 이 셔츠를 입어 봐도 되나요?
   B: 물론이죠, 탈의실은 여기입니다.
   A: 감사합니다.
③ A: 당신은 주말에 무엇을 하시나요?
   B: 나는 주말마다 인라인 스케이트를 타러 가요.
   A: 오, 당신은 틀림없이 그것을 잘하겠네요.
④ A: 영화가 몇 시에 시작하죠?
   B: 영화는 오후 3시에 시작합니다. 당신은 마실 것을 원하시나요?
   A: 그거 정말 재미있었죠, 그렇지 않았나요?

• How much is it?   이거 (값이) 얼마죠?
• take   사다
• try on   입어 보다, 신어 보다
• fitting room   탈의실
• every weekend   주말마다
• go inline-skating   인라인스케이트를 타러 가다
• must   ~임에 틀림없다
• be good at ~   ~을 잘하다, ~에 능숙하다
• what time   몇 시에
• something to drink   마실 것

Script

① A: How do you go to school?
   B: I go by bus. How about you?
   A: About ten minutes.
② A: Are you coming tonight?
   B: Sorry, but I can't.
   A: Can I ask why?
③ A: How much is it?
   B: That'll be 50 dollars.
   A: Here you are.
④ A: What is your favorite animal?
   B: I like rabbits.
   A: Oh, that's my favorite, too.

① A: 너는 학교에 어떻게 가니?
　 B: 나는 버스로 가. 너는?
　 A: 약 10분.
② A: 너 오늘 밤에 올 거니?
　 B: 미안하지만, 난 못 가.
　 A: 내가 이유를 물어봐도 될까?
③ A: 이거 얼마죠?
　 B: 50달러 되겠습니다.
　 A: 여기 있어요.
④ A: 너가 가장 좋아하는 동물이 뭐니?
　 B: 나는 토끼를 좋아해.
　 A: 오, 그것은 나도 가장 좋아하는 것인데.

• about　약, 대략
• minute　분〈시간의 단위〉
• why　이유
• Here you are.　여기 있어요. (= Here it is.)
• favorite　가장 좋아하는

Script

① A: When did you come home?
　 B: Two hours ago. Where were you?
　 A: I went to the bookstore.
② A: What are you going to do tomorrow?
　 B: Nothing special. And you?
　 A: I'm going to ride a bike at the park.
③ A: Can you help me with my homework?
　 B: Sure, what subject is it?
　 A: It's science.
④ A: Hello, I'd like to order pizza.
　 B: What kind of pizza would you like?
　 A: It's on Haymond Street.

① A: 너는 언제 집에 왔니?
　 B: 두 시간 전에. 너는 어디에 있었어?
　 A: 나는 서점에 갔지.
② A: 너 내일 뭐 할 거니?
　 B: 특별한 것은 없어. 너는?
　 A: 나는 공원에서 자전거를 탈 거야.
③ A: 너 내 숙제 좀 도와줄 수 있니?
　 B: 물론이지, 어떤 과목인데?
　 A: 과학이야.
④ A: 여보세요, 피자를 주문할게요.
　 B: 어떤 종류의 피자를 원하시나요?
　 A: 그것은 Haymond 거리에 있어요.

• come home　집에 오다
• nothing　아무것도 ~ 아니다
• special　특별한
• ride a bike　자전거를 타다
• help A with B　A의 B를 도와 주다

• subject　과목

32~33

Script

G: Do you have any plan for tomorrow, Bob?
B: Not yet. Do you have any ideas?
G: Let's go shopping.
B: Are you going to buy something?
G: Yes. A toy robot.
B: Why do you want to buy that?
G: Because my cousin is visiting me and I want to give something special to him.
B: That's great. See you tomorrow then.

소녀: 너 내일 어떤 계획이 있니, Bob?
소년: 아직 없어. 너는 무슨 생각이라도 있니?
소녀: 쇼핑하러 가자.
소년: 너 뭐 좀 살 생각이니?
소녀: 응. 장난감 로봇.
소년: 왜 너는 그것을 사고 싶은데?
소녀: 왜냐하면 내 사촌이 나를 방문할 건데 그에게 뭐가 특별한 것을 주고 싶어서지.
소년: 멋지구나. 그럼 내일 보자.

소년과 소녀는 내일 무엇을 할 것인가요?
① 운동 경기 하기
② 산책 하기
③ 쇼핑하러 가기
④ 그들의 사촌 방문하기

소녀는 사촌을 위해 무엇을 사고 싶어 하나요?
① 인형
② 책
③ 장난감 로봇
④ 농구공

• any　어떤, 어느
• yet　아직
• go shopping　쇼핑하러 가다
• something　무언가
• cousin　사촌
• something special　특별한 것
• take a walk　산책하다
• buy A for B　B에게 A를 사 주다
• basketball　농구공; 농구

44

Reading Part

오토바이	버스	기차

① 여행　　　② 길　　　③ 비행기　　　④ 배낭

airplane은 제시된 단어들처럼 교통수단을 나타내는 말이다.

조용한	어려운	아름다운

① 똑똑한　　　　　　　② 자다
③ 빌리다　　　　　　　④ 가지고 가다

②, ③, ④는 모두 동작을 나타내는 말이고 느낌이나 상태를 나타내는 말은 ① smart이다.

① 그녀는 문을 열었다.
② 나는 음악 선생님이 되기를 원한다.
③ 오렌지들이 탁자 위에 있다.
④ 그들은 거리를 걷고 있다.

• open　열다
• want to be ~　~가 되기를 원하다
• on the table　탁자 위에
• walk on the street　거리를 걷다

④ is → are
주어 They는 복수이므로 be동사는 is 대신 are를 쓴다.

① 공원에 어떻게 가면 되지?
② 그는 피아노를 잘 친다.
③ 신발 가게는 빵집 옆에 있어.
④ 너는 어제 무엇을 할 예정이니?

• get to ~　~에 도착하다, 다다르다
• be good at -ing　~을 잘하다
• store　가게, 상점
• next to ~　~ 옆에
• bakery　빵집, 제과점
• yesterday　어제

④ yesterday → tomorrow 또는 are you going to → did you
'너는 어제 무엇을 할 예정이니?' 라는 말은 '할 예정이니 (아직 오지 않은 미래의 일)'과 '어제(이미 지난 과거를 나타내는 말)'과 같이 쓰여 어법에 맞지 않는다.

A: 너의 취미는 뭐니?
B: 나는 배드민턴 치는 것을 (즐겨).

① 즐기다　　② 갖고 있다　　③ 걷다　　④ 생각하다

• hobby　취미
• play badminton　배드민턴을 치다
• enjoy -ing　~하는 것을 즐기다

A: 너는 얼마나 (많은) 나라에 가 보았니?
B: 나는 10개국에 가 보았어.

① 많은　　　② 많은　　　③ 거의 없는　　④ 거의 없는

• how many ~　얼마나 많은 ~
• country　나라 (복수: countries)
• have (ever) been to ~　~에 가 보았다
• much　많은 〈뒤에 셀 수 없는 명사〉
• many　많은 〈뒤에 복수 명사〉
• little　거의 없는 〈뒤에 셀 수 없는 명사〉
• few　거의 없는 〈뒤에 복수 명사〉

A: 오늘 밤 콘서트 구경 가는 것은 어떨까?
B: 그것 멋지게 (들린다).

① 필요하다　　　　　　② 원하다
③ ~하게 들리다　　　　④ 갖고 있다

• Why don't we ~?　우리 ~ 하는 게 어떨까?
• go to a concert　콘서트에 가다

나는 콘서트 티켓 가격이 얼마인지 알고 싶어.

① 말하는 사람은 티켓의 가격이 얼마인지 알고 싶어 한다.
② 말하는 사람은 콘서트에서 누가 연주하는지를 알고 싶어 한다.
③ 말하는 사람은 연주회장의 위치를 알고 싶어 한다.
④ 말하는 사람은 콘서트의 연주 소요 시간을 알고 싶어 한다.

• price　가격
• perform　연주하다, 공연하다
• location　위치
• playing time　연주에 걸리는 시간

45

42

도로에 교통량이 많다.

① 도로에 어떤 것도 없다.
② 도로에 사람이 없다.
③ 도로에 차가 많이 있다.
④ 도로에 빌딩이 많이 있다.

- heavy　심한
- traffic　교통량
- road　길

 43

나는 오늘 오후에 친구와 약속이 있다.

① 말하는 사람은 친구가 없다.
② 말하는 사람은 지금 친구와 같이 있다.
③ 말하는 사람은 친구를 만날 예정이다.
④ 말하는 사람은 그의 친구를 반장으로 임명한다.

- appointment　(만날) 약속
- this afternoon　오늘 오후에
- appoint　임명하다, 지명하다
- class president　반장, 학급 회장

44

내가 탈 시카고행 비행기는 10시 30분에 있어.

① 말하는 사람은 시카고에 있다.
② 말하는 사람은 시카고로 갈 예정이다.
③ 말하는 사람은 시카고에서 오고 있다.
④ 말하는 사람은 몇 시인지 알고 싶어한다.

- flight　항공편
- for ~　~로 향해 가는

45

A: 이번 토요일에 무엇을 할 예정이니?
B: 특별한 것은 없어. 너는 어때?
A: 우리 가족은 할아버지를 방문할 예정이야.
B: 어디에 사시는데?
A: 그분은 대구에 사셔. 너 거기에 가본 적이 있니?
B: 아니, 하지만 가보고 싶어.

① 그분은 아주 친절하셔.
② 그분은 어부이셔.
③ 그분은 대구에 사셔.
④ 그분은 스포츠를 아주 좋아하셔.

- fisherman　어부
- live in ~　~에 살다
- a lot　많이

 46

A: 어서 오세요, 어떻게 도와 드릴까요?
B: 운동화를 사려고 해요.
A: 이것은 어때요? 이것은 아주 인기가 있어요.
B: 하지만 색깔이 마음에 안드네요. 이것 파란색으로 있나요?
A: 죄송하지만 우리는 그것이 없네요. 녹색은 어떠세요?
B: 한 번 그것을 신어볼게요.

① 여기 있습니다.
② 35달러예요.
③ 죄송하지만 우리는 그것이 없네요.
④ 그것이 마음에 드세요?

- sneakers　운동화
- popular　인기 있는

 47

A: 여보세요. Carol 좀 바꿔 주시겠어요?
B: 전데요.
A: 안녕, 나야, James. 내일 컴퓨터 게임 하지 않을래?
B: 좋아, 몇시에?
A: 3시 어떠니?
B: 좋았어. 그럼 그때 보자.

① 화요일이었어.
② 비가 올 거야.
③ 너 어떻게 알았니?
④ 3시 어떠니?

- This is ~ speaking.　전데요. 〈전화대화〉
- Why don't we ~?　우리 ~ 하지 않을래?

 48

2. 주문하시겠어요?
4. 오늘의 특별 메뉴는 뭔가요?
1. 오늘의 특별 메뉴는 양파 수프를 곁들인 연어 필레입니다.
3. 좋아요. 그걸로 하죠.
5. 알겠어요. 금방 갖다 드릴게요.

- special　특별 요리, 특별한 것
- fillet　(고기나 생선의) 살코기 요리
- salmon　연어
- onion　양파
- be ready to ~　~ 할 준비가 되어 있다

49

> 1. 실례합니다. 우리가 몇 시에 도착하나요?
> 4. 우리는 30분 후에 착륙합니다.
> 2. 감사합니다.
> 3. 천만에요. 음료 드릴까요?
> 5. 오렌지 주스로 주세요.

- arrive   도착하다
- You're welcome.   천만에요.
- Would you like ~?   ~을 드릴까요?
- drink   음료수
- land   착륙하다
- in 30 minutes   30분 뒤

50~51

> 인후염이 있을 때는 ...
> – 너무 말을 많이 하지 마세요.
> – 따뜻한 물을 충분히 마시세요.
> – 목을 따뜻하게 유지하세요.
> – 탄산음료를 마시지 마세요.

50

이 글을 쓴 목적은 무엇인가요?
① 조언을 하기 위해
② 돈을 벌기 위해
③ 사람들을 초대하기 위해
④ 가게를 광고하기 위해

51

이 글에 따르면 인후염이 있을 때 도움이 되는 것은 무엇인가요?
① 말을 많이 하기
② 스카프를 두르기
③ 큰 소리로 노래 부르기
④ 찬물 마시기

- sore throat   인후염
- too much   너무 많이
- plenty of ~   많은 ~
- keep ~ warm   ~을 따뜻하게 유지하다
- neck   목
- soda   탄산음료
- purpose   목적
- advice   조언, 충고
- give advice   조언하다
- make money   돈을 벌다
- advertise   광고하다
- according to ~   ~에 따르면
- loudly   큰 소리로

52~53

> 강아지 팝니다! – 푸들
> *키: 8인치
> *체중: 3kg
> *나이: 7개월
> *연락 정보
> 이메일: sher11@cox.net
> 전화: 479-531-1940
> 위치: NW Arkansas

52

이 광고의 목적은 무엇인가요?
① 강아지에게 먹이 주기
② 강아지 판매하기
③ 강아지 찾기
④ 강아지 훈련시키기

53

이 광고를 통해서 알 수 없는 것은 무엇인가요?
① 강아지의 키
② 강아지의 나이
③ 강아지의 가격
④ 강아지의 품종

- puppy   강아지
- for sale   팔려고 내놓은
- height   키, 신장
- weight   체중
- age   나이
- contact   연락
- location   위치
- feed   먹이를 주다
- sell   팔다
- train   훈련시키다
- advertisement   광고 (= ad)

54~55

> Susan에게
> 여름 방학이 거의 끝났구나! 너를 만난 것이 정말 좋았단다. 나는 우리가 같이 방문한 곳이 너무 좋았어. 특히 디즈니월드가 나는 정말 좋았어. 우리가 거기서 찍은 사진을 몇 장 보낼게. 이번 겨울 방학 때 내가 사는 곳으로 와 줄 수 있겠니? 이곳 한국은 아름다운 산이 많단다. 같이 스키타러 가자! 정말 재미있을 거야. 겨울에 너를 보게 되기를 고대하고 있단다.
> 그럼 안녕히
> 진

Jin은 Susan에게 겨울에 무엇을 하자고 제안하고 있나요?
① 등반하러 가기
② 사진을 찍기
③ 자기 집을 방문하기
④ Disney World에 가기

55

Jin에 대해 우리는 무엇을 알 수 있나요?
① 그녀의 나이
② 그녀의 키
③ 그녀의 나라
④ 그녀가 가장 좋아하는 계절

- dear 친애하는, 경애하는〈편지글 등에서〉
- almost 거의
- over 끝난
- place 장소; 집, 사는 곳
- take pictures 사진을 찍다 (take-took-taken)
- vacation 방학, 휴가
- go skiing 스키타러 가다
- look forward to -ing ~ 할 것을 고대하다
- in winter 겨울에
- yours 그럼 안녕히〈편지를 마무리할 때〉
- suggest 제안하다
- go climbing 등반하러 가다
- know about ~ ~에 대해 알고 있다
- age 나이
- height 키, 신장
- season 계절

 Writing Part

1

> A: 오늘 날씨가 어때요?
> B: 바깥에 비가 내리고 있어. 우산 꼭 가져 가거라.

- weather 날씨
- take 가지고 가다
- sunny 해가 난, 화창한
- cloudy 구름이 끼, 흐린
- rainy 비가 오는
- snowy 눈이 내리는

> A: 너는 주로 몇 시에 잠자리에 드니?
> B: 10시에.

- what time 몇 시에

- usually 주로, 대개
- go to bed 잠자리에 들다
- at ten o'clock 10시에

3~4

> 메뉴
> 푸른 호수에 오신 것을 환영합니다
>
> 요리
> 크림 스파게티 – 8달러
> 베이컨을 곁들인 피자 – 12달러
> 감자를 곁들인 피자 – 11달러
>
> 디저트
> 케이크 – 2달러
> 아이스크림 – 1달러 50센트

여러분은 레스토랑에서 이런 메뉴판을 볼 수 있습니다. 레스토랑의 3. 이름은 '푸른 호수'입니다. 메뉴판에 4. 세 종류의 요리와 두 종류의 디저트가 있습니다. 가장 비싼 음식은 베이컨 피자입니다. 아이스크림이 가장 저렴합니다.

- menu 메뉴(판)
- dessert 디저트, 후식
- the most expensive 가장 비싼
- cheapest 가장 싼

5

> A: 너의 삼촌은 어떤 일을 하시니?
> B: 그는 택시 운전사이셔.

- guide (여행) 가이드, 안내인
- driver 운전사

실전모의고사 3

Listening Part

1 ②	2 ③	3 ②	4 ②
5 ③	6 ②	7 ④	8 ①
9 ①	10 ④	11 ④	12 ②
13 ③	14 ②	15 ④	16 ④
17 ③	18 ④	19 ④	20 ④
21 ③	22 ①	23 ①	24 ②
25 ②	26 ④	27 ④	28 ②
29 ④	30 ①	31 ②	32 ④
33 ④			

Reading Part

34 ③	35 ①	36 ④	37 ③
38 ①	39 ④	40 ②	41 ②
42 ③	43 ④	44 ③	45 ①
46 ④	47 ①	48 ②	49 ④
50 ①	51 ③	52 ④	53 ③
54 ②	55 ④		

Writing Part

1 stamp	2 jump	3 more
4 as	5 put, coat	

Listening Part

Script

① East	② Most	③ South	④ North
① 동쪽	② 가장	③ 남쪽	④ 북쪽

Script

① Singer	② Waiter	③ Paper	④ Designer
① 가수	② 웨이터	③ 종이	④ 디자이너

Script

A girl is brushing her hair.

한 소녀가 자기의 머리를 빗고 있다.

• brush   빗다, 솔질하다
• hair   머리카락

Script

There is a square-shaped mirror on the wall.

정사각형 모양의 거울 한 개가 벽에 걸려 있다.

• square-shaped   정사각형 모양의
• mirror   거울
• on the wall   벽에

Script

My backpack is on the middle of the bed.

내 배낭이 침대 한가운데에 있다.

• backpack   배낭
• middle   한가운데, 중앙

Script

B: What a nice dining room!
G: Thanks. My mom will be happy to hear that.
B: There's a really big table. I think that's too big for your family.
G: Right. We often invite people over and have dinner all together.
B: Sounds good.

소년: 아주 멋진 주방이네!
소녀: 고마워. 우리 엄마가 그 말을 들으면 좋아하시겠다.
소년: 정말로 큰 탁자가 있군. 내 생각에 그건 너의 가족에게는 너무 큰 것 같아.
소녀: 맞아, 우리는 종종 사람들을 초대해서 다 함께 저녁식사를 하지.
소년: 멋지다.

• What a nice ~!   아주 멋진 ~야!
• dining room   주방, 식당
• too   너무
• often   종종, 자주
• invite ~ over   ~를 자기 집으로 초대하다

- have dinner   저녁식사를 하다
- all together   다 함께

7

Script
G: Dad, are you going to watch TV?
M: No, I'll just read a newspaper. Why?
G: Then, can I watch cartoons on TV?
M: Sure. Come and sit here.
G: Thanks, Dad.

소녀: 아빠, TV를 보실 건가요?
남자: 아니, 그저 신문을 읽을 건데. 왜?
소녀: 그럼 제가 TV에서 만화영화를 봐도 돼요?
남자: 그래라. 와서 여기에 앉아.
소녀: 고마워요, 아빠.

- Are you going to ~?   당신은 ~을 할 계획인가요?
- just   단지, 오직
- read a newspaper   신문을 읽다
- cartoon   만화영화

8

Script
B: When will this rain stop? I want to play outside.
G: The weatherman says the rain will stop tomorrow.
B: That's good news.
G: He says it will be warm and sunny.
B: Sounds perfect!

소년: 이 비가 언제 멈출까? 나는 밖에서 놀고 싶어.
소녀: 일기예보관은 비가 내일 멈출 거라고 했지.
소년: 그거 좋은 소식이네.
소녀: 그는 날씨가 따뜻하고 해가 날 거라고 했어.
소년: 완벽해!

- weatherman   일기예보관
- warm   따뜻한
- sunny   해가 난, 화창한
- perfect   완벽한

9

Script
B: I love playing on this playground.
G: I like it here, too. Especially, the slide is most exciting.
B: The slide is fun, but I like the swing best.
G: Why do you like it best?
B: Because I feel like I'm flying when I ride it.

소년: 나는 이 놀이터에서 노는 것을 아주 좋아해.
소녀: 나도 이곳을 좋아해. 특히, 미끄럼틀이 가장 신나.

소년: 미끄럼틀도 재미있어, 하지만 나는 그네가 가장 좋아.
소녀: 왜 너는 그것을 가장 좋아하니?
소년: 왜냐하면 그것을 탈 때 마치 내가 날고 있는 것 같은 느낌을 받기 때문이지.

- love -ing   ~하는 것을 아주 좋아하다
- playground   놀이터, 운동장
- especially   특히
- slide   미끄럼틀
- most   가장
- exciting   신나는, 흥미진진한
- swing   그네
- best   가장
- feel like ~   ~처럼 느끼다
- ride   타다; 놀이기구

10

Script
B: Who is that girl over there?
G: Do you mean the girl sitting on the stairs?
B: No, I mean the girl reading under the tree.
G: Oh, that's Jasmine. She is a new student in my class.
B: You should introduce me to her.
Q. What is Jasmine doing now?

소년: 저기 저 소녀는 누구니?
소녀: 계단에 앉아 있는 소녀 말하는 거니?
소년: 아니, 나무 밑에서 책을 읽는 소녀 말이야.
소녀: 오, 쟤는 Jasmine이야. 그녀는 우리 반에 새로 온 학생이지.
소년: 너 나를 그녀에게 소개해야 돼.
Q. Jasmine은 지금 무엇을 하고 있나요?

- over there   저기에
- mean   의미하다
- stairs   계단
- introduce A to B   A를 B에게 소개하다

11

Script
G: How was your family trip to Tokyo?
B: It was really fun.
G: Did you fly there?
B: We tried to, but we couldn't get the tickets. So we took a boat.
G: That sounds like more fun to me.
Q. How did the boy's family go to Tokyo?

소녀: 너의 가족의 도쿄 여행은 어땠니?
소년: 그것은 정말 재미있었어.
소녀: 너 거기로 비행기를 타고 갔니?
소년: 그러려고 했지만 우리는 표를 구하지 못했지. 그래서 배를 탔어.
소녀: 그것이 나에게 더 재미있게 들리는 걸.

Q. 소년의 가족은 어떻게 도쿄로 갔나요?

- trip 여행
- fly 비행기를 타고 가다
- try to ~ ~하려고 시도하다 (try-tried-tried)
- couldn't ~ ~할 수 없었다
- take a boat 배를 타다
- sound like ~ ~처럼 들리다
- more fun 더 재미있는

 12

Script

B: I will buy this notebook. Do you need anything, too?
G: Yes. I'm looking for a ruler, but I don't see one anywhere.
B: Rulers are over here, next to the scissors.
G: Oh, now I see. I'll buy this one.
B: Alright. Let's go and pay.
Q. What will the girl buy at the store?

소년: 나는 이 공책을 살 거야. 너도 뭔가 필요한 것이 있니?
소녀: 응. 나는 자를 찾고 있는데 어디에서도 볼 수가 없네.
소년: 자는 이쪽에 있어, 가위 옆에.
소녀: 오, 이제 보인다. 나는 이것을 사겠어.
소년: 알았어. 가서 돈을 내자.
Q. 소녀는 가게에서 무엇을 살까요?

- notebook 노트, 공책
- need 필요하다
- anything 어떤 것 〈의문 · 부정문〉
- ruler 자
- anywhere 어디에서도
- over here 이쪽에
- next to ~ ~ 옆에
- scissors 가위
- pay 돈을 내다, 지불하다

 13

Script

G: Are you alright? You don't look well.
B: Actually, my stomach hurts badly.
G: Did you eat something bad?
B: I don't know. I can't even walk.
G: I think you should go see a doctor. Let me help you.
Q. What is the boy's problem?

소녀: 너 괜찮니? 너 얼굴이 안 좋아 보인다.
소년: 사실은 배가 몹시 아파.
소녀: 너는 뭔가 안 좋은 것을 먹었니?
소년: 모르겠어. 나는 걸음조차 걸을 수 없어.
소녀: 너 의사의 진찰을 받아봐야 겠다. 내가 도와 줄게.
Q. 소년의 문제는 무엇인가요?

- don't look well (얼굴이) 안 좋아 보이다
- actually 사실은, 실제로
- stomach 배
- hurt 아프다
- badly 심하게
- something bad 나쁜 어떤 것
- even 심지어, ~ 조차도
- walk 걷다
- go see a doctor 의사의 진찰을 받으러 가다
- Let me ~. 내가 ~ 할게.

 14

Script

G: I'm having a party at the beach near my house this Saturday. Can you come?
B: What will you do at the party?
G: We'll swim, play beach volleyball, and eat delicious food.
B: Sounds great. Surely, I'll be there.
G: Okay. I'll see you then.
Q. What will the girl NOT do at her party?

소녀: 나는 이번 토요일에 우리 집 근처 바닷가에서 파티가 있어. 너 올 수 있니?
소년: 너는 그 파티에서 뭘 할 예정이니?
소녀: 우리는 수영을 하고 비치 발리볼도 하고, 맛있는 음식도 먹을 거야.
소년: 멋지게 들린다. 꼭 나 거기 갈게.
소녀: 좋았어. 그때 보자.
Q. 소녀가 파티에서 하지 않을 일은 무엇인가요?

- beach 바닷가, 해변
- near ~ 근처의
- this Saturday 이번주 토요일
- volleyball 배구
- delicious 맛있는
- food 음식
- surely 꼭, 틀림없이
- I'll be there. 나 거기에 갈게.
- then 그때

 15

Script

(M) Annie likes swimming under the sea water. There is a whole new world under the water. There are a lot of beautiful fish and she likes swimming with them. Annie says she feels like she becomes a dolphin under the water.

Annie는 바닷물 속에서 수영하는 것을 좋아합니다. 바닷물 속에는 완전히 새로운 세상이 있습니다. 아름다운 물고기가 많이 있고 그녀는 그들과 함께 수영하는 것을 좋아합니다. Annie는 자기가 마치 바다 속의 돌고래가 되는 것 같은 기분이라고 말합니다.

- sea water 바닷물
- whole 완전히, 전적으로

- a lot of ~   많은 ~
- fish   물고기
- feel like ~   ~ 같은 느낌이 들다
- become   ~이 되다
- dolphin   돌고래

 16

Script

(W) These are a kind of shoes. You can have fun while you wear these. These shoes usually have four wheels in line. So you can slide on the ground. But you should be careful because you can fall. You must wear helmets not to get hurt. Can you guess what these are?

이것들은 일종의 신발입니다. 당신은 이것을 신고 있는 동안 즐거움을 느낄 수 있습니다. 이 신발들은 보통 한 줄로 늘어선 네 개의 바퀴가 있습니다. 그래서 당신은 땅에서 미끄러지듯이 움직일 수 있습니다. 그러나 당신은 넘어질 수 있기 때문에 조심해야 합니다. 당신은 다치지 않도록 헬멧을 써야만 합니다. 당신은 이것들이 무엇인지 알아 맞힐 수 있나요?

- these are ~   이것들은 ~이다
- a kind of ~   일종의 ~
- shoes   신발, 구두
- while   ~ 하는 동안
- wheel   바퀴
- in line   일직선으로
- slide   미끄러지다, 미끄러지듯이 임직이다
- on the ground   땅바닥에
- careful   조심하는, 주의깊은
- because   왜냐하면, ~ 때문에
- fall   넘어지다
- get hurt   다치다

 17

Script

(Door bell)
M: Does Ms. Sarah Brown live here?
W: Yes. That's me. Can I help you?
M: I have a letter for you.
W: Oh, thank you very much.
M: Can you sign here, please?

(초인종 소리)
남자: Sarah Brown씨가 여기에 사시나요?
여자: 예. 바로 저예요. 무슨 일이시죠?
남자: 당신에게 온 편지가 한 통 있어요.
여자: 오, 감사합니다.
남자: 여기에 싸인을 좀 해 주시겠어요?

여자는 지금 누구와 얘기하고 있나요?
① 웨이터   ② 운전사

③ 우편배달부   ④ 판매원

- letter   편지
- sign   싸인하다
- mailman   우편배달부
- salesclerk   판매원

 18

Script

M: Sorry, but you cannot bring food inside.
W: Oh, then what should I do?
M: We can keep it for you here.
W: Okay. Can I get it back after the movie?
M: Sure. Don't worry about it.

남자: 죄송하지만 당신은 음식을 안으로 갖고 들어오실 수 없습니다.
여자: 오, 그러면 내가 어떻게 해야 하나요?
남자: 우리가 당신을 위해 그것을 여기에 보관해 드릴 수 있습니다.
여자: 알겠어요. 영화가 끝나면 내가 그것을 돌려 받을 수 있나요?
남자: 물론입니다. 그것에 대해서는 염려 마세요.

남자와 여자가 지금 있는 장소는 어디인가요?
① 은행에   ② 음식점에
③ 경찰서에   ④ 영화관에

- bring   갖고 오다
- then   그러면
- should   ~ 해야 한다
- keep   보관하다
- get back   돌려받다
- after   ~ 후에
- Don't worry about it.   그것에 대해 염려 마세요.
- police station   경찰서
- movie theater   영화관

 19

Script

B: Mom, can I keep a puppy?
W: Sorry, but you can't.
B: Why not? I can take good care of it.
W: I know you will. But our house is too small to keep a pet.
B: I think you're right.

소년: 엄마, 나 강아지 키워도 돼?
여자: 미안하지만 안 된단다.
소년: 왜 안돼죠? 나는 잘 돌볼 수 있단 말이에요.
여자: 네가 그럴 거라는 건 나도 알아. 하지만 우리 집은 애완동물을 키우기에는 너무 작아.
소년: 엄마 말이 맞는 것 같네요.

소년은 왜 강아지를 키울 수 없나요?
① 그것은 너무 어리다.
② 그의 어머니가 그것을 좋아하지 않는다.

③ 그는 그것을 잘 돌보지 않을 것이다.
④ 그의 집은 그것을 키우기에 충분히 크지 않다.

- keep　(동물을) 키우다
- puppy　강아지
- Why not?　왜 안 돼죠?
- take good care of ~　~을 잘 돌보다
- pet　애완동물
- You're right.　당신 말이 맞습니다.
- won't (= will not) ~　~ 하지 않을 것이다
- big enough to ~　~ 하기에 충분히 큰

Script

G: I'm looking for some flowers for my grandma.
M: These roses are on sale now. They are 2 dollars each.
G: That's great. Give me ten of them, please.
M: Alright. And I'll give you one more for free.
G: Wow! Thanks a lot!

소녀: 저는 제 할머니께 드릴 꽃을 좀 찾고 있어요.
남자: 이 장미들은 지금 할인 판매 중이야. 한 송이에 2달러란다.
소녀: 좋아요. 그것들 중에서 10송이를 제게 주세요.
남자: 알았어. 그리고 너에게 한 송이 공짜로 더 주마.
소녀: 와! 정말 고맙습니다!

소녀는 몇 개의 장미를 갖게 될 건가요?
① 1　　②2　　③ 10　　④ 11

- some　약간의
- grandma　할머니 (= grandmother)
- on sale　할인 판매 중인; 판매되고 있는
- each　한 개에, 각각
- one more　한 개 더
- for free　무료로, 공짜로
- a lot　많이

Script

G: Where are you from?
B: I'm from Canada. How about you?
G: I'm from Thailand.
B: You're from a hot country. Does it snow in your country?
G: No, it doesn't.

소녀: 너 어디에서 왔니?
소년: 나는 캐나다에서 왔어. 너는?
소녀: 나는 태국에서 왔어.
소년: 너는 더운 나라에서 왔구나. 너의 나라에 눈이 내리니?
소녀: 아니, 그렇지 않아.

① 응, 내가 그래.
② 응, 그들은 그래.

③ 아니, 그렇지 않아.
④ 아니, 우리는 할 수 없었어.

- be from ~　~에서 왔다, ~ 출신이다
- Thailand　태국
- hot　더운
- snow　눈이 오다; 눈

Script

G: Look! There's a rainbow in the sky.
B: Wow! It's beautiful.
G: It has many colors. What's your favorite color?
B: I like purple. How about you?
G: Me, too.

소녀: 봐! 하늘에 무지개가 있어.
소년: 와! 아름답구나.
소녀: 그것은 많은 색깔을 갖고 있어. 네가 가장 좋아하는 색깔은 뭐니?
소년: 나는 보라색을 좋아해. 너는?
소녀: 나도 그래.

① 나도 그래.
② 하늘이 파랗다.
③ 나는 비오는 날이 좋아.
④ 사람들을 봐라.

- rainbow　무지개
- favorite　가장 좋아하는
- purple　보라색
- rainy　비가 오는
- day　날
- people　사람들

Script

B: I've finished my dinner.
W: But you didn't eat the beans at all.
B: You know I hate beans.
W: They are good for your health. Eat them all.
B: Alright, I will.

소년: 나는 저녁식사를 끝냈어요.
여자: 하지만 너는 콩을 하나도 안 먹었네.
소년: 제가 콩을 아주 싫어하는 거 아시잖아요.
여자: 그것들은 너의 건강에 좋아. 그것들을 다 먹어라.
소년: 알겠어요. 그렇게요.

① 알겠어요, 그렇게요.
② 나는 콩을 아주 좋아해요.
③ 아니, 저는 거기에 가지 않았어요.
④ 그 쇼는 8시에 끝나요.

- finish 끝내다; 끝나다
- dinner 저녁식사
- not ~ at all 전혀(결코) ~ 아닌
- bean 콩
- You know ~. 당신도 ~를 알잖아요.
- hate 아주 싫어하다
- be good for ~ ~에 좋다
- health 건강

Script

G: What do you like to do for fun?
B: I usually play sports. What about you?
G: I like to cook.
B: Wow! How did you learn to cook?
G: My mom taught me.

소녀: 너는 재미로 무엇을 하는 것을 좋아하니?
소년: 나는 주로 운동 경기를 해. 너는 어떠니?
소녀: 나는 요리하는 것을 좋아해.
소년: 와! 요리하는 것을 어떻게 배웠어?
소녀: 우리 엄마가 나에게 가르쳐 주셨어.

① 너 정말 친절하구나!
② 우리 엄마가 나에게 가르쳐 주셨어.
③ 뭔가 재미있는 것을 하자.
④ 내가 너를 위해 쿠키를 구웠어.

- for fun 재미로, 장난삼아
- usually 주로, 대개
- learn to ~ ~하는 방법을 배우다
- cook 요리하다
- something fun 재미있는 것
- bake 굽다

Script

G: Jason, hurry up!
B: Why are you in such a hurry?
G: I don't want to miss the school bus.
B: What time does the bus leave?
G: At eight thirty.

소녀: Jason, 서둘러!
소년: 왜 너는 그렇게 서두르니?
소녀: 나는 스쿨버스를 놓치고 싶지 않아.
소년: 버스가 몇 시에 떠나는데?
소녀: 8시 30분에.

① 10살.
② 8시 30분에.
③ 오랫동안.
④ 가장 가까운 버스 정류장에서.

- Hurry up! 서둘러!
- in such a hurry 몹시 서두르는
- miss 놓치다
- leave 떠나다, 출발하다
- for a long time 오랫동안
- nearest 가장 가까운
- bus stop 버스 정류장

Kelly의 가족
아버지: 선생님
어머니: 간호사
오빠: 소방관
언니: 비행기 승무원

Script

① Kelly's father teaches students.
② Kelly's mother takes care of sick people.
③ Kelly's brother saves people from fire.
④ Kelly's sister works at a restaurant.

① Kelly의 아버지는 학생들을 가르친다.
② Kelly의 어머니는 아픈 사람들을 돌본다.
③ Kelly의 오빠는 사람들을 화재로부터 구한다.
④ Kelly의 여동생은 음식점에서 일한다.

- nurse 간호사
- fire fighter 소방관
- flight attendant 비행기 승무원
- sick 아픈
- save 구하다, 구출하다
- fire 화재, 불

Charlie의 파티에 오신 것을 환영합니다!
왜: Charlie의 새 영화를 즐기기 위해
언제: 4월 1일 오후 7시
어디서: Charlie의 집에서
팝콘과 음료가 모든 분들에게 제공됩니다!

Script

① The party is held on April 7th.
② The party will start in the morning.
③ The guests should bring their popcorn.
④ Charlie will show a movie to the guests.

① 파티는 4월 7일에 열린다.
② 파티는 오전에 시작할 것이다.
③ 손님들은 자기들이 먹을 팝콘을 가져 와야 한다.
④ Charlie는 손님들에게 영화를 보여 줄 것이다.

- Welcome to ~!   ~에 오신 것을 환영합니다!
- drink   음료, 마실 것
- everyone   모든 사람
- be held   개최되다
- on April 7th   4월 7일에 (날짜 앞에 on)
- guest   손님
- show A to B   B에게 A를 보여 주다
- invitation   초대장; 초대

Script
① The boy is outside, but the girl is inside.
② The boy is wearing a cap, and the girl is wearing glasses.
③ The boy is drawing a picture, and the girl is playing the violin.
④ The boy is sitting on a chair, but the girl is standing on the floor.

① 소년은 바깥에 있지만 소녀는 안에 있다.
② 소년은 모자를 쓰고 있고 소녀는 안경을 쓰고 있다.
③ 소년은 그림을 그리고 있고 소녀는 바이올린을 연주하고 있다.
④ 소년은 의자에 앉아 있지만 소녀는 바닥에 서 있다.

- outside   바깥에
- inside   안에
- glasses   안경
- draw a picture   그림을 그리다
- play the violin   바이올린을 연주하다
- on the floor   바닥에

Script
① M: Do you walk to school?
   W: No, I don't.
   M: Then how do you go to school?
② M: Here's a present for you.
   W: Oh, thank you.
   M: You're welcome.
③ M: Do you know Jack?
   W: No. Who is he?
   M: He is my cousin.
④ M: When do you have math class?
   W: For six years.
   M: He is six years old, too.

① 남자: 너 학교에 걸어서 가니?
   여자: 아니, 그러지 않아.
   남자: 그럼 어떻게 학교에 가는데?
② 남자: 여기에 너에게 줄 선물이 있어.
   여자: 오, 고마워.
   남자: 천만에.
③ 남자: 너 Jack을 아니?

여자: 아니. 그가 누군데?
남자: 그는 내 사촌이야.
④ 남자: 너는 언제 수학 수업이 있니?
   여자: 6년 동안.
   남자: 그도 역시 여섯 살이야.

- walk to ~   ~로 걸어가다
- Here's (= Here is) ~.   여기에 ~이 있다.
- present   선물
- You're welcome.   천만에. 〈감사에 대한 답례〉
- cousin   사촌
- math   수학
- class   수업
- year   년, 해

Script
① M: How big is your family?
   W: My family is fine. Thanks.
   M: That's too bad.
② M: What do you do after school?
   W: I go to a science club.
   M: That would be interesting.
③ M: I'll clean the kitchen. Can you help me?
   W: Sure, what should I do?
   M: Please wash the dishes.
④ M: When did you buy this sweater?
   W: Two years ago.
   M: Wow! It still looks new.

① 남자: 너의 가족은 얼마나 크니?
   여자: 우리 가족은 잘 있어. 고마워.
   남자: 그것 참 안됐구나.
② 남자: 방과 후에 너는 무엇을 하니?
   여자: 나는 과학 클럽에 가.
   남자: 그것 재미있겠는데.
③ 남자: 나는 부엌을 청소할 거야. 나를 좀 도와 주겠니?
   여자: 물론이지. 내가 무얼 하면 되지?
   남자: 설거지를 해줘.
④ 남자: 너는 언제 이 스웨터를 샀니?
   여자: 2년 전에.
   남자: 와! 그것은 아직도 새 것처럼 보이는걸.

- how big   얼마나 큰
- That's too bad.   그것 참 안됐구나.
- after school   방과 후에
- would be ~   ~일 것이다
- clean   깨끗이 하다, 청소하다
- wash the dishes   설거지하다
- ago   ~ 전에
- still   여전히, 아직도

Script

① M: Do you like soccer?
　W: Yes, I love it.
　M: Then let's play soccer together.
② M: My father has a new car.
　W: What color is it?
　M: He is a driver.
③ M: Who is the tallest in your class?
　W: I think Mike is.
　M: Oh, I didn't know that.
④ M: What do you think of your new teacher?
　W: He is kind and funny. I like him.
　M: Good to hear that.

① 남자: 너 축구 좋아하니?
　여자: 응, 아주 좋아해.
　남자: 그러면 같이 축구하자.
② 남자: 우리 아버지는 새 자동차가 있어.
　여자: 그거 무슨 색깔이야?
　남자: 그는 운전사이셔.
③ 남자: 너의 반에서 누가 가장 키가 크니?
　여자: 내 생각엔 Mike인 것 같아.
　남자: 오, 나는 그거 몰랐네.
④ 남자: 너는 너의 새 선생님에 대해 어떻게 생각하니?
　여자: 그는 친절하고 웃기셔. 난 그분이 좋아.
　남자: 그 말을 들으니 좋으네.

• the tallest　키가 가장 큰
• class　학급
• What do you think of ~?　~에 대해 어떻게 생각하니?
• funny　웃기는, 재미있는

32~33

Script

(Rings)
G: Hello.
M: Hello. Is Mrs. Monroe there?
G: Sorry, but my mom is not home. Who's calling, please?
M: You must be Cynthia. This is Matthew Watson. I work with your mom.
G: Oh, hi, Mr. Watson. Do you want to leave a message?
M: No, that's fine. I'll call again. It's not very important.
G: Okay. I'll tell my mom you called. Bye-bye.
M: Good day!

(전화벨이 울린다)
소녀: 여보세요.
남자: 여보세요. 거기 Monroe 부인 계신가요?
소녀: 죄송합니다, 하지만 저의 엄마는 집에 안 계신데요. 누구신가요?
남자: 너 Cynthia구나. 나는 Matthew Watson이라고 해. 너의 엄마랑 같이 일하고 있지.

소녀: 아, 안녕하세요, Watson 선생님. 메시지를 남기시겠어요?
남자: 아니, 괜찮아. 내가 다시 전화할게. 그다지 중요한 일은 아니야.
소녀: 알겠어요. 엄마한테 선생님이 전화하셨다고 말씀드릴게요. 안녕히 계세요.
남자: 안녕!

Mr. Watson은 누구와 통화하고 있나요?
① 소녀　　　　　　　　② 소녀의 이모
③ 소녀의 언니　　　　　④ 소녀의 엄마

다음 중 사실인 것은?
① Mr. Watson은 메시지를 남겼다.
② Mr. Watson은 다시 전화를 할 수 없다.
③ Mr. Watson은 중요한 전화를 했다.
④ Mr. Watson은 Mrs. Monroe와 함께 일한다.

Reading Part

높이가 높은　　폭이 넓은　　길이가 긴
① 크기　　② 보다　　③ 큰　　④ 거리

주어진 단어들은 각각 높이와 폭, 길이의 치수가 큰 것을 나타내는 말이므로 large(큰)와 어울린다.

열한 번째　　두 번째　　다섯 번째
① 세 번째　　② 이빨　　③ 학년　　④ 분

third(세 번째)도 순서를 나타내는 서수의 하나이다.

36

① 휴식을 취하자.
② 너는 멋진 카메라를 갖고 있구나.
③ 그 개는 바구니에서 잔다.
④ 이 선생님은 내일 파티에 갔다.

④ went → will go, 또는 tomorrow → yesterday
'이 선생님은 내일 파티에 갔다.' 라는 말은 '갔다 (이미 지난 과거의 일)'와 '내일 (아직 오지 않은 미래를 나타내는 말)'이 같이 쓰여 어법에 맞지 않는다.

- take a rest 휴식을 취하다
- sleep 자다

 37

> ① Tina는 잠자리에 들 준비가 되어 있다.
> ② 내가 너의 연필을 좀 빌릴 수 있을까?
> ③ 말들이 빨리 달리고 있다.
> ④ 너는 이것에 대해 그녀에게 말하면 안 돼.

③ is → are 또는 The horses → The horse
주어 The horses는 복수이므로 be동사로 is 대신 are를 쓰거나 is를 그
대로 두고 주어를 단수표현인 The horse로 바꾸어야 어법에 맞는다.

- be ready to ~ ~ 할 준비가 되어 있다
- borrow 빌리다
- should not ~ ~ 해서는 안된다
- tell A about B. A에게 B에 대해 말하다

 38

> A: June은 학교에 절대로 (지각하지) 않는다.
> B: 맞았어. 그는 항상 일찍 와.

① 지각한, 늦은   ② 빨리, 빠른
③ 가난한   ④ 조용한

- never 결코 [절대로] ~ 않다
- be late for school 학교에 지각하다
- always 항상, 늘
- early 일찍, 이른
- poor 가난한
- quiet 조용한

 39

> A: 이것은 (누구의) 책이니?
> B: 내 생각에는 그것이 Jordan의 책인 것 같아. 그것을 그에게 보여
>   주지 그러니?

① 누가   ② 언제
③ 어디서   ④ 누구의

- Why don't you ~? 너 ~ 하지 그러니?
- show A to B A를 B에게 보여 주다

 40

> A: 나는 영어 말하기 대회에서 1등상을 (받았어).
> B: 축하해! 나는 네가 아주 자랑스러워.

① 했다
② (상을) 받았다
③ 말했다
④ 가입했다; 함께 했다

- first prize 1등상
- speaking contest 말하기 대회
- Congratulations! 축하해!
- be proud of ~ ~을 자랑스러워하다
- do 하다 (do-did-done)
- win (상을) 받다 (win-won-won)
- speak 말하다 (speak-spoke-spoken)
- join 함께 하다; 가입하다

 41

> 너의 신발 사이즈는 어떻게 되지?

① 너의 신발은 얼마나 오래 되었니?
② 너의 신발은 얼마나 크니?
③ 너의 신발은 얼마나 튼튼하니?
④ 너의 신발은 얼마나 비싸니?

- strong 강한
- expensive 비싼

 42

> 나는 Jake에 대해 질문이 하나 있어.

① Jake는 나를 알지 못해.
② 나는 Jake에게 그것에 대해 물어볼 거야.
③ 나는 Jake에 대해 물어보고 싶어.
④ Jake는 질문이 많아.

- question 질문
- about ~에 대해
- ask 물어보다

 43

> 너는 그 돈을 Sam에게 돌려줘야 해.

① 이제 Sam의 차례야.
② Sam은 그 돈을 발견했어.
③ 너는 Sam을 다시 만나야 해.
④ 너는 그 돈을 Sam에게 돌려줘야 해.

- return 반환하다, 돌려주다
- turn 차례, 순번
- find 발견하다 (find-found-found)
- give A back to B A를 B에게 돌려주다

Mia는 이탈리아를 두루 여행하면서 일주일을 보냈다.

① Mia는 일주일 전에 이탈리아에 갔다.
② Mia 일주일 동안 이탈리아어를 배웠다.
③ Mia는 일주일 동안 이탈리아를 두루 여행했다.
④ Mia는 일주일 전에 한 이탈리아 여행자를 만났다.

- spend (시간, 돈을) 쓰다 (spend-spent-spent)
- travel around ~를 두루 여행하다
- Italian 이탈리아어; 이탈리아의
- traveler 여행자

A: 지하철을 어디에서 탈 수 있을까요?
B: Pine 거리에 지하철역이 하나 있어요.
A: 거기에 어떻게 가죠?
B: 저기 모퉁이에서 우회전한 다음 직진하세요.
A: 거기까지 걸어갈 수 있나요?
B: 예, 그것은 이 근처에 있어요.

① 거기까지 걸어갈 수 있나요?
② 당신은 얼마나 멀리에 살죠?
③ 다시 한 번 말씀해 주시겠어요?
④ 당신은 거기에 얼마나 자주 가나요?

- take (교통수단을) 타다
- subway 지하철
- subway station 지하철역
- get there 거기에 도착하다
- turn right 우회전하다
- go straight 직진하다
- near here 이 근처에
- how far 얼마나 멀리에
- how often 얼마나 자주

A: 너는 주택에 사니, 아니면 아파트에 사니?
B: 나는 시내에 있는 아파트에 살아. 너는?
A: 나는 작은 정원이 있는 주택에 살아.
B: 멋지다. 정원에서 뭘 가꾸니?
A: 나는 야채를 좀 재배해.
B: 멋있네.

① 나는 농부가 되고 싶어.
② 그것은 아름다운 정원이야.
③ 우리 집은 아주 작아.
④ 나는 야채를 좀 재배해.

- house 주택, 집
- apartment 아파트
- downtown 시내에
- grow 재배하다, 기르다
- vegetable 야채
- farmer 농부
- garden 정원

A: 몇 시니?
B: 10시 5분이야. 왜 나에게 묻는 거지? 너는 늘 시계를 차잖아.
A: 오늘은 안 차고 왔어. 시계가 지금 작동이 안 되고 있거든.
B: 시계가 어떻게 되었는데?
A: 내가 그것을 떨어뜨렸어.
B: 너는 더 조심해야겠다.

① 내가 그것을 떨어뜨렸어.
② 그것은 다시 작동이 돼.
③ 나는 새 손목시계를 하나 샀어.
④ 그것은 아주 비싸 보인다.

- always 항상
- wear (시계를) 차다
- work (기계가) 작동되다
- happen (일이) 일어나다
- more careful 더 주의를 기울이다
- drop 떨어뜨리다 (drop-dropped-dropped)
- expensive 비싼

3. 참치 샌드위치 하나 주세요.
1. 여기서 드실 건가요, 아니면 갖고 가실 건가요?
5. 나는 여기서 먹을 거예요. 그리고 콜라 한 개도 부탁해요.
4. 예. 2달러 50센트 되겠습니다.
2. 알겠어요. 여기 있어요.

- tuna 참치

2. 실례합니다, 저를 좀 도와주실 수 있나요?
4. 물론이죠. 제가 당신에게 무엇을 해 드릴까요?
5. Henry의 장난감 세상이 어디죠? 나는 그것을 찾을 수가 없네요.
3. 그것은 4층에 있어요. 당신은 저기에 있는 엘리베이터를 타시면 되요.
1. 당신의 도움에 대해 감사드립니다.

- thank   감사하다
- excuse   용서하다
- Excuse me.   실례합니다.
- fourth floor   4층
- find   발견하다

50~51

오늘의 뉴스   3월16일 월요일

시간	채널 2	채널 4	채널 6
오전 10:00	어린이 뉴스 뉴스 (30분)	아이들은 요리 할 수 있다 요리쇼 (60분)	
10:30			사랑스런 Daisy 코미디 (60분)
11:00	우주전쟁 영화 (2시간)		
11:30			
오후 12:00			활동하는 아이들 퀴즈쇼 (60분)
12:30			

채널 2에서 가장 먼저 하는 프로그램은 무엇인가?
① 뉴스   ② 영화
③ 코미디   ④ 요리쇼

다음 중 옳지 <u>않은</u> 것은?
① 《우주전쟁》은 오전 11시에 시작한다.
② 《아이들은 요리할 수 있다》는 1시간 동안 한다.
③ 《활동하는 아이들》은 액션 영화이다.
④ 《사랑스런 Daisy》는 채널 6번에서 방송된다.

- kid   아이
- cook   요리하다
- lovely   사랑스런
- space   우주
- war   전쟁
- action   활동
- earliest   가장 빠른
- start   시작하다
- last   지속되다

52~53

보내는 사람: Fiona Berry (sweetberry@email.net)
받는 사람: Lloyd Bloom (lloyd0829@email.net)
주제: 우리 학교의 축제에 올 수 있나요?

Lloyd에게
안녕! 우리 학교는 학교 축제가 있어. 축제는 다음 주 월요일부터 수요일까지야. 나는 축제 첫날 무대 위에서 노래를 부를 거야. 축제에 와서 나랑 같이 즐거운 시간을 보내지 않을래?
네 친구, Fiona

Fiona는 왜 Lloyd에게 이메일을 썼나요?
① 그에게 감사하기 위해
② 그에게 도움을 청하기 위해
③ 그에게 조언을 하기 위해
④ 그를 학교 행사에 초대하기 위해

축제는 얼마 동안 열릴 예정인가요?
① 하루 동안   ② 이틀 동안
③ 사흘 동안   ④ 일주일 동안

- festival   축제
- stage   무대
- have fun   즐거운 시간을 보내다
- ask ~ for help   ~에게 도움을 청하다
- advice   조언, 충고
- invite A to B   A를 B에 초대하다
- event   행사

54~55

Ralph는 방과 후에 바로 병원으로 달려갔다. 그가 거기에 도착했을 때 그는 예쁜 여자 아기가 엄마 팔에 안겨 있는 것을 보았다. Ralph는 그 아기를 조심스럽게 바라보았다. 그는 그 아기의 검은 머리카락과 짙푸른 눈을 좋아했다. Ralph의 부모는 그 아기를 Joy라고 부르기로 결정했다. 왜냐하면 그들은 그 여자 아기가 생겨 아주 행복했기 때문이다. Ralph 역시 아주 행복했다. 이제 그는 언제나 같이 놀 여동생이 생겼기 때문이다.

- run   달려가다 (run-ran-run)
- hospital   병원
- carefully   조심스럽게
- dark green   진한 녹색의
- parents   부모님
- decide to ~   ~ 하기로 결정하다
  (decide-decided-decided)
- call A B   A를 B라고 부르다
- play with ~   ~와 같이 놀다
- all the time   항상, 늘

- be known about ~   ~에 대해 알려지다
- yet   아직
- name   이름; 이름을 짓다

아기에 대해 알려지지 <u>않은</u> 것은 무엇인가요?
① 이름
② 생일
③ 눈 색깔
④ 머리카락 색깔

다음 중 사실이 <u>아닌</u> 것은?
① Ralph는 누나가 있다.
② Ralph는 아직 아기를 만나보지 못했다.
③ Ralph는 아기로 인해 행복하지 않았다.
④ Ralph의 부모는 아기의 이름을 Joy라고 지었다.

Writing Part

A: 도와 드릴까요?
B: 예, 나는 <u>우표를</u> 한 장 사고 싶습니다.

- knife   칼, 나이프
- stamp   우표
- letter   편지

A: 너는 운동으로 주로 무엇을 하니?
B: 나는 매일 아침 줄넘기를 해.

- exercise   운동
- pump   펌프로 퍼 올리다
- jump rope   줄넘기를 하다
- slope   경사지다
- every morning   매일 아침

각 학급이 얼마나 많은 나무를 심었을까요?
Paul의 학급: 30
Sue의 학급: 20
Tim의 학급: 15
Laura의 학급: 15

4월 5일에 네 개 학급이 함께 모여 나무를 심었다. 이 그래프는 각 학급이 심은 나무의 수를 보여 준다. Paul의 학급은 다른 학급들이 한 것보다 3. 더 많은 나무를 심었다. Sue의 학급은 모든 학급 중에서 두 번째로 많은 나무를 심었다. Tim의 학급은 Laura의 학급이 심은 것 4. 만큼의 나무를 심었다.

A: 바깥은 추워. 너의 <u>코트를</u> 입지 그러니?
B: 그렇게 해야 될 것 같아. 고마워.

- socks   양말
- put on   (옷을) 입다
- guess   짐작하다

실전모의고사 **4**

Listening Part

1 ②	2 ③	3 ③	4 ①
5 ③	6 ③	7 ①	8 ④
9 ④	10 ④	11 ④	12 ①
13 ③	14 ③	15 ③	16 ①
17 ④	18 ②	19 ③	20 ④
21 ④	22 ①	23 ④	24 ②
25 ①	26 ③	27 ④	28 ③
29 ③	30 ①	31 ②	32 ①
33 ①			

Reading Part

34 ③	35 ①	36 ④	37 ④
38 ③	39 ①	40 ④	41 ①
42 ①	43 ③	44 ①	45 ①
46 ④	47 ①	48 ①	49 ③
50 ①	51 ③	52 ①	53 ④
54 ②	55 ①		

Writing Part

1 monkey	2 brushing	3 clock	4 cheaper
5 ride, horse			

Listening Part

Script

① Duck	② River	③ Chicken	④ Parrot
① 오리	② 강	③ 닭	④ 앵무새

Script

① Bored	② Tired	③ Mood	④ Scared
① 따분해하는		② 피곤해하는	
③ 기분, 감정		④ 무서워하는	

Script

A boy is lying on the beach.

한 소년이 바닷가에 누워 있다.

- lie   눕다
- on the beach   바닷가에, 해변에

Script

A giraffe is eating leaves from a tree.

기린 한 마리가 나무에서 나뭇잎을 먹고 있다.

- giraffe   기린
- leaf   나뭇잎 (복수: leaves)

Script

There is a ruler next to a pencil case.

필통 옆에 자가 한 개 있다.

- ruler   자
- next to ~   ~ 옆에
- pencil case   필통

Script

G: Are you free tomorrow?
B: Yes. Why?
G: I'm going to go to my uncle's farm. Will you join me?
B: What will you do there?
G: I'll help him pick oranges.

소녀: 너 내일 시간 있니?
소년: 응. 왜?
소녀: 나는 삼촌의 농장에 갈 거야. 너 나랑 같이 갈래?
소년: 너 거기에서 뭘 할 건데?
소녀: 나는 삼촌이 오렌지 따는 것을 도울 거야.

- free   시간이 있는, 한가한
- farm   농장
- join   함께 하다
- pick   따다

Script

G: Where are our seats?
B: G-16 and G-17. Look! Here are our seats.
G: (pause) Umm... The seats are good.
B: Yeah. I can see the screen very well.
G: Shhh! The movie starts.

소녀: 우리 자리가 어디지?
소년: G-16과 G-17이야. 봐! 여기가 우리 자리네.
소녀: (잠시 멈춤) 음… 자리가 좋은데.
소년: 응, 나는 화면이 아주 잘 보인다.
소녀: 쉿! 영화가 시작된다.

• seat   자리, 좌석
• pause   잠시 멈추다; 멈춤
• screen   화면, 스크린
• very well   아주 잘

Script

B: I'm so excited! This is my first time to come to this stadium.
G: Wow. There are so many people here.
B: Look! There's your favorite player.
G: Right. I hope he will hit a home run today.
B: Me, too.

소년: 나 정말 신나! 이번이 내가 이 경기장에 처음으로 오는 거야.
소녀: 와. 여기 사람들이 아주 많네.
소년: 봐! 너가 가장 좋아하는 선수가 있다.
소녀: 맞아. 나는 그가 오늘 홈런을 치기를 바라.
소년: 나도 그래.

• so   아주
• excited   신난, 흥분된
• first time   첫 번째인
• stadium   경기장
• favorite   가장 좋아하는
• hit   치다 (hit-hit-hit)
• Me, too.   나도 그래.

9

Script

B: I went to Jeju Island last summer with my family.
G: That's great. How did you get there? Did you fly?
B: No. We took a train and a boat to go to the island. And we traveled by car there.
G: That sounds a little tiring.
B: Actually, it was so much fun.

소년: 나는 지난 여름에 가족과 함께 제주도에 갔어.
소녀: 멋있다. 거기에 어떻게 갔니? 비행기 타고 갔니?
소년: 아니. 우리는 섬에 기차와 배를 타고 갔어. 그리고 거기서는 자동차로 여행을 했지.
소녀: 약간 피곤한 여행처럼 들리는 걸.
소년: 사실, 그것은 아주 재미있었어.

• island   섬
• last summer   지난 여름에
• get there   거기에 가다, 도달하다
• fly   비행기를 타고 가다
• take   (교통수단을) 타다 (travel-traveled-traveled)
• travel   여행하다
• by car   자동차로
• a little   약간
• tiring   피곤함을 주는
• actually   실제로, 사실은
• so much   아주 많이

Script

G: Gee... You're all wet. Is it raining outside?
B: Yes, it is. It suddenly started to rain.
G: The weatherman said nothing about the rain.
B: And it was very sunny this morning.
G: Anyway, here's a towel. Dry yourself.
Q. What is the weather like now?

소녀: 이런 … 너 흠뻑 젖었구나. 밖에 비가 오고 있니?
소년: 응, 그래. 갑자기 비가 오기 시작했어.
소녀: 일기예보관은 비에 대해서는 아무 말 안 했는데.
소년: 그리고 오전에는 아주 화창했어.
소녀: 아무튼, 여기에 수건이 있다. 몸을 말리렴.
Q. 지금 날씨는 어떤가요?

• Gee   에이, 이런(놀람, 감탄을 나타내어)
• wet   젖은
• suddenly   갑자기
• start to ~   ~ 하기 시작하다 (start-started-started)
• weatherman   일기예보관
• nothing   아무것도 ~ 아니다
• about   ~에 대해
• sunny   화창한, 해가 난
• this morning   오늘 아침에, 오늘 오전에
• anyway   아무튼, 어쨌든
• dry   말리다
• yourself   너 자신

G: Did you see my MP3 player anywhere?
B: Well, I last saw it on the desk. Did you check there?
G: Yes, but it's not there.
B: Look over there! Isn't that your MP3 player under the chair?
G: Right. I guess I dropped it.
Q. Where is the girl's MP3 player?

소녀: 너 내 MP3 플레이어를 어디에선가 보았니?
소년: 글쎄, 나는 그것을 책상 위에서 마지막으로 보았어. 거기를 확인해 보았니?
소녀: 응, 하지만 그것은 거기에 없어.
소년: 저기를 봐! 의자 밑에 있는 저게 너의 MP3 플레이어 아니니?
소녀: 그렇구나. 내가 그것을 떨어뜨린 것 같아.
Q. 소녀의 MP3 플레이어는 어디에 있나요?

- anywhere 어디에선가
- last 마지막으로
- see 보다 (see-saw-seen)
- on the desk 책상 위에(서)
- check 확인하다
- guess 짐작하다, 추측하다
- drop 떨어뜨리다 (drop-dropped-dropped)

G: What did you do yesterday?
B: I went to cooking club.
G: Did you have fun there?
B: Sure I did. I made a chocolate cake. It tasted very good.
G: Sounds interesting.
Q. What did the boy do yesterday?

소녀: 너 어제 무엇을 했니?
소년: 나는 요리 동아리에 갔지.
소녀: 너 거기에서 재미있는 시간을 보냈니?
소년: 물론 그랬지. 나는 초콜릿 케이크를 만들었어. 그것은 아주 맛이 좋았단다.
소녀: 재미있었겠다.
Q. 소년은 어제 무엇을 했나요?

- taste ~한 맛이 나다 (taste-tasted-tasted)
- interesting 재미있는

G: Which hat are we going to buy for Jessica?
B: How about this one with a flower on it?
G: Well, I don't think she'll like it. Umm ... how about this one?
B: Oh, I like it. She'll love the ribbon on it.
G: I think so, too. Let's buy it.
Q. Which hat will the boy and the girl buy?

소녀: Jessica에게 우리 어느 모자를 사 줄까?
소년: 위에 꽃이 달린 이것 어떨까?
소녀: 글쎄, 나는 그녀가 그것을 좋아할 것 같지 않은데. 음… 이것은 어때?
소년: 오, 나 그거 좋아. 그녀는 모자 위에 달린 리본을 좋아할 것 같아.
소녀: 나도 그렇게 생각해. 그것을 사자.
Q. 소년과 소녀는 어느 모자를 살까요?

- which 어느, 어떤
- hat 모자 (테가 둘러진 것)
- buy A for B B에게 A를 사 주다
- this one 이것
- I don't think ~. 나는 ~라고 생각하지 않아.

B: Mom, I bought some flowers for you.
W: Thanks. I'll put them in the living room.
B: No, no. The flowers are just for you. So put them in your room.
W: You're so sweet. But everyone can enjoy the flowers in the living room.
B: I think you're right, Mom.
Q. Where will the woman put the flowers?

소년: 엄마, 제가 엄마를 위해 꽃을 좀 샀어요.
여자: 고맙구나. 그것을 거실에 둬야겠다.
소년: 안 돼요, 안 돼. 꽃은 오직 엄마만을 위한 거예요. 그러니 그것을 엄마 방에 두세요.
여자: 너 아주 사랑스럽구나. 하지만 모두가 거실에서 꽃을 즐길 수 있잖아.
소년: 엄마 말씀이 맞는 것 같네요, 엄마.
Q. 여자는 꽃을 어디에 둘까요?

- buy 사다 (buy-bought-bought)
- put 놓다, 두다
- living room 거실
- just 오직, 단지
- sweet 귀여운, 상냥한
- everyone 모두, 누구나
- You're (=You are) right. 당신 말이 맞아요.

Script

(W) This is something you wear on your finger. This is round and small, and it's usually made of gold or silver. Women often wear this to make themselves look more beautiful. And a man gives this to a woman when they get married. Can you guess what this is?

이것은 당신이 손가락에 끼는 어떤 것입니다. 이것은 둥글고 작으며 대개 금이나 은으로 만들어져 있습니다. 여자들은 자신들을 더 아름답게 보이기 위해 종종 이것을 낍니다. 그리고 결혼할 때 남자는 여자에게 이것을 줍니다. 당신은 이것이 무엇인지 알아 맞힐 수 있나요?

- something   어떤 것, 무엇
- wear   끼다, 입다, 신다
- finger   손가락
- round   둥근
- usually   대개, 주로
- be made of ~   ~로 만들어져 있다
- gold   금
- silver   은
- women   여자들 (woman의 복수형)
- often   종종, 자주
- themselves   자신들
- more beautiful   더 아름다운
- man   남자
- woman   여자
- get married   결혼하다

Script

(M) Annie wanted to do something for her grandpa. So she decided to play music for him. She practiced piano for a week and played it in front of him. She played very well and her grandpa was very happy.

Annie는 그녀의 할아버지를 위해 무언가 하고 싶었습니다. 그래서 그녀는 할아버지를 위해 음악을 연주하기로 결심했습니다. 그녀는 피아노를 일주일 동안 연습해서 할아버지 앞에서 연주했습니다. 그녀는 연주를 아주 잘했고 그녀의 할아버지는 아주 행복했습니다.

- do something   무언가를 하다
- grandpa   할아버지 (= grandfather)
- decide to ~   ~ 하기로 결심하다
- play music   음악을 연주하다
- practice   연습하다
- in front of ~   ~ 앞에서
- very well   아주 잘

Script

(Rings)
M: Hello. Peter Brown speaking.
W: Hello. This is Michelle Parker, John's mother.
M: Hi, Mrs. Parker. Is there anything wrong with John?
W: Actually, he's sick. I'm afraid he cannot come to your class today.
M: Oh, I'm so sorry to hear that. Don't worry about the class.

(전화벨이 울린다)
남자: 여보세요. Peter Brown입니다.
여자: 여보세요. 저는 John의 엄마 Michelle Parker라고 합니다.
남자: 안녕하세요, Parker 부인. John에게 무슨 문제가 생겼나요?
여자: 사실은, 그가 아파요. 죄송하지만 오늘 그가 선생님의 수업에 못 가게 되었네요.
남자: 오, 그 말을 들으니 마음이 아프네요. 수업에 대해서는 걱정하지 마세요.

여자는 지금 누구와 얘기하고 있나요?
① John의 아버지   ② John의 의사
③ John의 형   ④ John의 선생님

- This is ~.   저는 ~입니다. 〈전화대화〉
- anything wrong   뭔가 잘못된 것
- sick   아픈
- I'm afraid ~.   ~이어서 유감입니다.
- class   수업
- worry about ~   ~에 대해 걱정하다

Script

B: How was the summer camp?
G: It was great! I made a lot of new friends there.
B: That's nice. Did you do anything fun?
G: Yes. I learned how to swim and went hiking to the beach.
B: Sounds like so much fun.

소년: 여름 캠프 어땠니?
소녀: 그거 멋졌지! 나는 거기서 새로운 친구들을 많이 사귀었어.
소년: 그거 잘됐군. 너 재미있는 일 좀 했니?
소녀: 그럼. 나는 수영하는 법도 배웠고 바닷가로 하이킹도 갔어.
소년: 아주 재미있었던 것처럼 들리는구나.

소녀가 여름 캠프에서 하지 않은 일은 무엇인가요?
① 하이킹 가기
② 텐트 만들기
③ 수영 배우기
④ 새 친구들 만나기

- make friends   친구를 사귀다
- a lot of ~   많은 ~
- anything fun   뭔가 재미있는 것
- learn   배우다 (learn-learned-learned)

- how to ~   ~ 하는 방법
- go hiking   하이킹 가다
- sound like ~   ~인 것처럼 들리다
- so much fun   아주 재미있는

Script

B: What time shall we leave for the concert?
G: How about at 1 o'clock?
B: Isn't it too early? The concert starts at 2, right?
G: Yes, but I don't want to be late.
B: Alright. Let's do that.

소년: 콘서트를 위해 우리 몇 시에 출발할까?
소녀: 1시 어때?
소년: 그거 너무 이르지 않니? 콘서트는 2시에 시작하잖아, 맞지?
소녀: 그래, 하지만 나는 늦는 거 싫어.
소년: 좋아. 그렇게 하자.

콘서트는 몇 시에 시작하나요?
① 1시에   ② 1시 30분에
③ 2시에   ④ 2시 30분에

- What time shall we ~?   우리 몇 시에 ~ 할까?
- leave   떠나다, 출발하다
- too   너무
- early   이른, 빠른

Script

B: Oh, no! I left my English homework at home.
G: Why don't you go home and get it? You live near here.
B: I guess I should do that during the lunch break.
G: You can use my bicycle then.
B: Really? Thanks a lot.

소년: 오, 안 돼! 영어 숙제를 집에 두고 왔어.
소녀: 집에 가서 그걸 갖고 오는 게 어때? 너는 이 근처에 살잖아.
소년: 점심 시간 중에 그래야 될 것 같아.
소녀: 그러면 내 자전거를 써도 좋아.
소년: 정말? 고마워.

왜 소년은 점심 시간에 집에 가려고 하는가?
① 그는 집에서 쉬어야 한다.
② 그는 자기 자전거를 갖고 와야 한다.
③ 그는 집에서 점심을 먹어야 한다.
④ 그는 숙제를 가져 와야 한다.

- leave   두고 오다 (leave-left-left)
- Why don't you ~?   너 ~ 하는 게 어떠니?
- go home   집에 가다
- get   가져 오다
- near here   이 근처에
- guess   짐작하다, 추측하다

- during   ~ 동안
- lunch break   점심 시간
- You can ~.   너는 ~ 해도 좋아.
- use   사용하다
- then   그러면
- a lot   많이
- rest   쉬다, 휴식하다
- have lunch   점심식사를 하다
- at home   집에서

Script

W: Can I help you?
B: What should I do to borrow some books from this library?
W: You should have your library card.
B: Do I need my student card, too?
W: No, you don't.

여자: 도와 줄까요?
소년: 이 도서관에서 책을 좀 빌리려면 제가 어떻게 해야 하죠?
여자: 도서관 카드가 있어야 해요.
소년: 제 학생카드도 필요한가요?
여자: 아뇨, 필요 없어요.

① 네, 필요해요.   ② 아뇨, 안 그래요.
③ 네, 그래요.   ④ 아뇨, 그럴 필요 없어요.

- borrow   빌리다
- library   도서관
- need   필요하다

Script

B: What's your hobby?
G: I take pictures of butterflies and collect them. How about you?
B: I like to play sports.
G: What sports do you enjoy?
B: I like tennis.

소년: 너의 취미가 뭐니?
소녀: 나는 나비 사진을 찍어서 수집해. 너는?
소년: 나는 운동경기 하는 것을 좋아해.
소녀: 어떤 운동을 즐기니?
소년: 나는 테니스를 좋아해.

① 나는 테니스를 좋아해.
② 나는 너의 사진을 보았어.
③ 나는 운동 선수야.
④ 나는 너와 같이 놀고 싶어.

- hobby   취미

• take pictures of ~   ~의 사진을 찍다
• butterfly   나비 (복수: butterflies)
• collect   모으다, 수집하다

• grow up   성장하다, 어른이 되다
• play the violin   바이올린을 연주하다
• favorite   가장 좋아하는
• thing   것
• how long ~   얼마나 오랫동안
• last night   지난 밤에

 23

Script

B: What are you going to do this weekend?
G: I'll go to the mountain. Why don't you come with me?
B: Well, I'm not sure. Maybe I'll just watch TV at home.
G: Come on! Let's go together. It'll be fun.
B: <u>Maybe next time.</u>

소년: 너는 이번 주말에 뭘 할 예정이니?
소녀: 나는 산에 갈 거야. 너 나랑 같이 가지 않을래?
소년: 글쎄, 잘 모르겠다. 아마 그냥 집에서 TV를 볼 것 같아.
소녀: 제발! 같이 가자. 재미있을 거야.
소녀: 다음 번에 가자.

① 매 주말마다.
② 내 친구들과 같이.
③ 산으로.
④ 다음 번에 가자.

• this weekend   이번 주말에
• Why don't you ~?   너 ~ 하는 것이 어때?
• come with me   나와 함께 가다
• I'm not sure.   나는 잘 모르겠어
• maybe   아마
• just   단지, 오직
• watch TV   TV를 보다
• Come on!   어서!, 제발!
• next time   다음 번에

 24

Script

G: I want to be a violinist when I grow up.
B: I didn't know you could play the violin.
G: It's my favorite thing to do.
B: How long have you played the violin?
G: <u>For five years.</u>

소녀: 나는 자라서 바이올린 연주자가 되고 싶어.
소년: 네가 바이올린을 켤 줄 안다는 것을 몰랐네.
소녀: 그것이 내가 가장 좋아하는 일인데.
소년: 얼마나 오랫동안 바이올린을 연주했니?
소녀: 5년 동안.

① 지난 밤에.
② 5년 동안.
③ 바이올린 연주자에게서.
④ 일주일에 다섯 번의 레슨.

• want to be ~   ~가 되고 싶다

 25

Script

M: Why did you wake up? Get some more sleep.
G: But I can't sleep because you're talking loud on the phone, Dad.
M: Sorry. I didn't know that my voice was loud.
G: Can you talk a little quieter, please?
M: <u>Alright, I'll try.</u>

남자: 왜 잠에서 깼니? 좀 더 자거라.
소녀: 하지만 아빠가 전화로 큰 소리로 말씀하시니까 잠을 잘 수가 없어요, 아빠.
남자: 미안해. 내 목소리가 크다는 걸 몰랐구나.
소녀: 조금만 더 조용히 말씀해 주실 수 있나요?
남자: 알았다, 노력해 볼게.

① 알겠어, 내가 해 볼게.
② 물론이지, 내가 그에게 이야기할게 .
③ 좋아, 내가 좀 더 크게 말할게.
④ 글쎄, 내가 너에게 곧 전화할게.

• wake up   잠에서 깨다
• more   더 많은
• because   왜냐하면, ~ 이니까
• loud   시끄럽게
• on the phone   전화로
• voice   목소리
• a little   약간, 조금
• quieter   더 조용하게
• try   노력하다
• louder   더 시끄럽게
• call   전화하다

26

수미네 반의 인기 있는 선생님들
신 선생님: 15
윤 선생님: 5
주 선생님: 10
이 선생님: 10

Script

① Miss Shin is less popular than Mr. Yoon.
② Mr. Yoon is more popular than Mrs. Joo.
③ Mrs. Joo is as popular as Miss Lee.
④ Miss Lee is the most popular of all.

① 신 선생님은 윤 선생님보다 인기가 덜하다.
② 윤 선생님은 주 선생님보다 더 인기가 있다.
③ 주 선생님은 이 선생님만큼 인기 있다.
④ 이 선생님은 모든 선생님 중에서 가장 인기있다.

- less popular than ~   ~보다 인기가 덜한
- more popular than ~   ~보다 더 인기가 있는
- as popular as ~   ~만큼 인기있는
- the most popular of all   모두 중에서 가장 인기있는

책 할인 판매!
모든 책을 할인 판매합니다
단 이틀 동안만!
5월1일 금요일과 5월2일 토요일
Fun Fun 어린이 서점
개장: 오전 9시 ~ 오후 6시

Script

① Every book is on sale.
② The sale is held in May.
③ The sale is held only for two days.
④ The store opens at 6 in the morning.

① 모든 책이 할인 판매된다.
② 할인 판매는 5월에 시행된다.
③ 할인 판매는 단 이틀 동안만 시행된다.
④ 가게는 아침 6시에 연다.

- every   모든
- on sale   할인 판매 중인
- be held   열리다
- day   날
- only   오직
- kid   아이

Script

① The man is driving a car, and the woman is washing a car.
② The man is wearing glasses, and the woman is wearing gloves.
③ The man is holding nothing, and the woman is holding a hose.
④ The man is sitting inside a car, and the woman is standing near a car.

① 남자는 자동차를 운전하고 있고 여자는 자동차를 세차하고 있다.
② 남자는 안경을 쓰고 있고 여자는 장갑을 끼고 있다.
③ 남자는 아무것도 들고 있지 않고 여자는 호스를 들고 있다.
④ 남자는 자동차 안에 앉아 있고 여자는 자동차 옆에 서 있다.

- gloves   장갑
- hold   들고 있다

- nothing   아무것도 ~ 아니다
- hose   호스
- inside   ~ 안에
- near   가까이에

Script

① M: Where are you from?
   W: I'm from Seoul.
   M: I'm from Seoul, too.
② M: Can I use your scissors?
   W: Go ahead.
   M: Thanks.
③ M: Who do you live with?
   W: I went to Julie's house.
   M: I see.
④ M: Do you have any plans for today?
   W: Nothing special.
   M: Will you play soccer with me, then?

① 남자: 당신은 어디에서 오셨나요?
   여자: 서울에서 왔습니다.
   남자: 나도 서울에서 왔는데요.
② 남자: 내가 당신의 가위를 좀 써도 될까요?
   여자: 그러세요.
   남자: 고맙습니다.
③ 남자: 당신은 누구와 같이 사나요?
   여자: 나는 Julie의 집에 갔습니다.
   남자: 알겠어요.
④ 남자: 오늘 어떤 계획이 있나요?
   여자: 특별한 건 없는데요.
   남자: 그럼 나와 같이 축구 할래요?

- use   사용하다
- scissors   가위
- Go ahead.   어서 하세요, 그러세요.
- live with ~   ~와 함께 살다
- special   특별한

Script

① M: Why didn't you call me?
   W: I'm sorry but I forgot.
   M: I remember him.
② M: Will you do me a favor?
   W: Okay. What is it?
   M: Please help me with these math problems.
③ M: I think we should clean the kitchen now.
   W: Okay. I'll do the dishes.
   M: Then I'll clean up the table.
④ M: What do you do for exercise?
   W: I do yoga.
   M: Is it helpful?

① 남자: 너 왜 나한테 전화하지 않았니?
　여자: 미안해, 나 잊었어.
　남자: 나 그를 기억해.
② 남자: 내 부탁 좀 들어 줄래?
　여자: 그럴게. 뭔데?
　남자: 이 수학 문제들 좀 도와 주라.
③ 남자: 나는 우리가 지금 부엌을 청소해야 한다고 생각해.
　여자: 알았어. 내가 설거지를 할게.
　남자: 그럼 내가 식탁을 치울게.
④ 남자: 너는 운동으로 뭘 하니?
　여자: 나는 요가를 해.
　남자: 그게 도움이 되니?

• forget   잊다 (forget-forgot-forgotten)
• remember   기억하다
• do ~ a favor   ~의 부탁을 들어주다
• help A with B   A의 B를 도와주다
• clean   깨끗이 하다
• do the dishes   설거지하다
• clean up ~   ~을 치우다
• do yoga   요가를 하다
• helpful   도움이 되는

Script

① M: I like your new jacket.
　W: Thanks. My aunt sent it as a gift.
　M: That's great.
② M: How were the test results?
　W: I took a history test.
　M: I like history, too.
③ M: Do you speak French?
　W: Yes, but just a little.
　M: Where did you learn it?
④ M: You're an hour late!
　W: I'm terribly sorry.
　M: Why are you late?

① 남자: 너의 새 재킷이 맘에 들어.
　여자: 고마워, 이모가 그것을 선물로 보내주셨어.
　남자: 멋진 일이군.
② 남자: 시험 결과는 어땠니?
　여자: 나는 역사 시험을 보았어.
　남자: 나도 역사 좋아하는데.
③ 남자: 너 프랑스어 말할 수 있니?
　여자: 응, 하지만 아주 조금.
　남자: 너 그것을 어디서 배웠니?
④ 남자: 너 한 시간 늦었어.
　여자: 너무 미안해.
　남자: 왜 늦은 거야?

• send   보내다 (send-sent-sent)
• as   ~로서
• gift   선물
• result   결과

• take a test   시험을 치다
• history   역사
• speak   (언어를) 말하다
• French   프랑스어
• a little   약간, 조금
• terribly   몹시, 극심하게

32~33

Script

W: Good afternoon. Can I help you?
B: Please. I'm looking for something for my little sister.
W: I see. How about this Barbie doll?
B: That looks nice. How much is it?
W: It's 30 dollars.
B: That's too expensive. Can you show me anything else?
W: How about this teddy bear? It's just 10 dollars.
B: Sounds better. I'll take it. Can you gift-wrap it for me, please?

여자: 안녕하세요? 도와 드릴까요?
소년: 예. 제 여동생에게 줄 것을 찾고 있어요.
여자: 그렇군요. 이 바비인형은 어때요?
소년: 그거 좋아 보이네요. 얼마에요?
여자: 30달러에요.
소년: 너무 비싸네요. 다른 것을 보여 주시겠어요?
여자: 이 곰인형은 어때요? 이것은 10달러 밖에 안해요.
소년: 그게 낫겠네요. 그걸로 할게요. 선물 포장을 해 줄 수 있나요?

소년과 여자는 지금 어디에 있나요?
① 장난감 가게에　　　　　　　② 애완동물 가게에
③ 신발 가게에　　　　　　　　④ 옷 가게에

소년은 얼마를 지불한 건가요?
① 10달러　　　　　　　　　　② 20달러
③ 30달러　　　　　　　　　　④ 40달러

• expensive   비싼
• show A B   A에게 B를 보여 주다
• anything else   다른 어떤 것
• better   더 나은
• I'll take it.   그것을 살게요.
• gift-wrap   선물용으로 포장하다
• clothing   옷

Reading Part

치과의사　　　가수　　　조종사

① 일 　　　② 비행기 　　　③ 농부 　　　④ 어머니

farmer(농부)는 제시된 단어들처럼 직업을 나타내는 말이다.

 35

냄새를 맡다　　먹다　　마시다

① 맛보다 　　② 쿠키 　　③ 부엌 　　④ 맛있는

음식의 냄새를 맡고 먹고 마시는 것과 관련이 있는 단어로 가장 알맞은 것은 taste(맛보다)이다.

 36

① 나는 곧 거기에 도착할거야.
② 그 셔츠는 나에게 너무 커.
③ 너는 체스 게임을 잘 하는구나.
④ 그녀는 열쇠를 갖고 있지 않다.

④ don't → doesn't
주어가 she (3인칭 단수)이므로 부정문을 만들 때는 일반동사의 원형 앞에 don't가 아닌 doesn't를 쓴다.

• be good at -ing　~을 잘하다
• play chess　체스 게임을 하다

 37

① 잠자리에 들 시간이다.
② Billy는 나와 같이 춤추는 것을 좋아한다.
③ 우리는 지난 주말에 소풍을 갔다.
④ 바구니에 사과 세 개가 있다.

④ three apple → three apples
둘 이상의 수를 표현할 때는 복수형을 써야 하며 '사과 세 개'는 three apples이다.

• It is time to ~.　~ 할 시간이다.
• dance with ~　~와 함께 춤을 추다
• go on a picnic　피크닉 가다
• last weekend　지난 주말에

 38

A: 이것은 (누구의) 공책이니?
B: 나는 그것이 Larry의 공책이라고 생각해.

① 누가 　　② 어떻게 　　③ 누구의 　　④ 어디에

• notebook　노트, 공책
• I think ~.　나는 ~ 라고 생각해.

 39

A: 조심해. 차가 (뜨거워).
B: 고마워. 그것이 식을 때까지 기다릴게.

① 뜨거운 　　② 차가운 　　③ 짠 　　④ 달콤한

• Be careful.　조심해.
• tea　차
• wait　기다리다
• until　~ 때까지
• get　~ 되다
• cool　서늘한

 40

A: 나는 파티에 입고 갈 옷을 사야 해.
B: 나도 그래. 같이 (쇼핑하러) 가자.

① 낚시 　　② 조깅 　　③ 볼링 　　④ 쇼핑

• need to ~　~ 해야 한다, ~ 할 필요가 있다
• Me, too.　나도 그래.
• go fishing　낚시하러 가다
• go jogging　조깅하러 가다
• go bowling　볼링치러 가다
• go shopping　쇼핑하러 가다

 41

나는 학교에 걸어서 간다.

① 나는 학교에 걸어서 간다.
② 나는 정시에 학교에 도착한다.
③ 나는 학교에서 새 신발을 신는다.
④ 내 학교는 우리 집 근처에 있다.

• walk to ~　~로 걸어가다
• on foot　걸어서, 도보로
• on time　제시간에
• at school　학교에서
• near　가까운

 42

Parker는 나의 성이다.

① 나의 성은 Parker이다.
② Parker는 내 친구의 이름이다.
③ 나는 그 공원의 이름을 안다.
④ Parker씨는 지난밤에 나에게 전화를 했다.

• last name　성 (cf. first name: 이름)
• last night　지난 밤에

43

박물관에 들어가자.

① 박물관을 떠나자.
② 우리는 박물관 방문하는 것을 즐긴다.
③ 우리 박물관에 들어갈까?
④ 우리가 박물관에서 무엇을 볼까?

• enter   들어가다
• museum   박물관, 미술관
• leave   떠나다
• Shall we ~?   우리 ~ 할까?
• get into ~   ~ 안으로 들어가다

44

Miss Ling은 나의 과학 선생님이다.

① 나는 Miss Ling에게서 과학을 배운다.
② Miss Ling은 유명한 과학자이다.
③ 나는 Miss Ling없이 과학을 공부한다.
④ Miss Ling과 나는 과학을 함께 가르친다.

• famous   유명한
• without ~   ~ 없이

45

A: 나는 몸이 안 좋아.
B: 너 무슨 일이 있니?
A: 감기에 걸린 것 같아.
B: 그것 참 안됐구나. 의사의 진찰을 받았니?
A: 아직 안 받았는데.
B: 네가 꼭 그렇게 해야 할 것 같아.

① 아직 안 받았는데.
② 네 생각은 틀렸어.
③ 나는 의사가 아니야.
④ 나는 그것을 전에 본 적이 있어.

• I'm not feeling well.   나는 몸이 안 좋다.
• wrong   잘못된; 틀린
• have a cold   감기에 걸리다
• see a doctor   의사의 진찰을 받다 (see-saw-seen)
• yet   아직
• before   전에

46

A: 도와 드릴까요?
B: 이 편지를 대전으로 부치고 싶은데요.
A: 보통우편으로요 아니면 속달우편으로요?
B: 속달우편으로요. 이것이 언제 도착할까요?
A: 내일 거기에 도착할 겁니다.
B: 좋네요.

① 나는 그것을 어제 보냈습니다.
② 그는 곧 도착할 겁니다.
③ 이 편지는 당신에게 온 겁니다.
④ 내일 거기에 도착할 겁니다.

• send   보내다 (send-sent-sent)
• regular   보통우편의
• express   속달우편의
• mail   우편물
• arrive   도착하다

47

A: 우리 집에 와서 나랑 같이 저녁 먹을래?
B: 좋지. 내가 뭐 좀 가지고 갈까?
A: 아무것도 필요 없어. 그냥 와서 즐겁게 보내면 돼.
B: 고마워. 그런데 저녁은 뭐야?
A: 나는 치킨을 준비할 거야.
B: 정말? 나 그거 아주 좋아하는데.

① 나는 치킨을 준비할 거야.
② 너의 친구를 데려와도 돼.
③ 우리는 레스토랑에서 외식할 거야.
④ 나는 너와 함께 저녁 먹는 게 즐거워.

• come over   (~로) 오다
• have dinner   저녁식사를 하다
• I'd love to.   나 그러고 싶어.
• What's for dinner?   저녁 메뉴는 뭔가요?
• by the way   그건 그렇고
• prepare   준비하다
• eat out   외식하다
• enjoy -ing   ~ 하는 것을 즐기다

48

5. 주문하시겠어요?
2. 예, 저는 티본 스테이크 하나와 구운 감자를 먹을 게요.
4. 마실 것 좀 드릴까요?
1. 그냥 물이면 돼요.
3. 알겠습니다. 식사는 곧 준비될 겁니다.

• baked   구운
• potato   감자
• meal   식사

- something to drink   마실 것
- be ready to ~   ~ 할 준비가 되어 있는

> 2. Eddie, 가서 계란 좀 사 오겠니?
> 5. 그럴게요. 계란이 몇 개나 필요하세요?
> 3. 1 다스면 충분할 거야. 그리고 우유도 좀 필요해.
> 1. 알겠어요. 그게 다 인가요?
> 4. 그런 것 같다. 여기에 돈 있어.

- get   사다
- dozen   다스 (12개들이 묶음)
- enough   충분한
- too   또한, 역시
- so   그렇게

50~51

> 우리(John과 Martha)는 당신을 우리의 사랑스런 딸 Emma의 11 번째 생일 파티에 초대합니다.
> 6월 13일 토요일 오후 1시부터 우리 집 정원에서 열립니다.
> 바비큐가 준비될 것입니다.

John과 Martha는 누구인가요?
① Emma의 부모님
② Emma의 조부모님
③ Emma의 삼촌과 숙모
④ Emma의 오빠와 여동생

다음 중 사실이 아닌 것은?
① 손님들은 바비큐를 먹을 것이다.
② 파티는 Emma의 생일을 위한 것이다.
③ 파티는 오전에 시작될 것이다.
④ 파티는 정원에서 열릴 것이다.

- invite A to B   A를 B에 초대하다
- lovely   사랑스러운
- daughter   딸
- ready   준비된
- everyone   모든 사람
- parents   부모님
- grandparents   조부모님
- guest   손님
- be held   개최되다

52~53

> Kelly의 일기
>
> 2015년 6월 14일
> 나는 오늘 머리카락을 잘랐다. 사실 나는 긴 머리가 좋았기 때문에 머리카락 자르는 것을 원하지 않았다. 하지만 엄마가 나에게 그렇게 하도록 시켰다! 미용사가 내 머리를 자를 때 나는 울었다. 그녀가 자기 일을 다 끝낸 뒤 나는 거울을 들여다 보았다. 내 머리카락이 훨씬 짧아져 있지만 그리 나빠 보이지는 않았다. 솔직히 나는 정말 맘에 들었다! 나는 변화는 가끔은 즐거운 것이라고 생각한다.

Kelly의 기분은 어떻게 변했나요?
① 슬픈 → 기쁜
② 화난 → 슬픈
③ 놀란 → 화난
④ 행복한 → 놀란

53

누가 Kelly의 머리카락을 잘랐나요?
① 그녀 자신
② 그녀의 친구
③ 그녀의 어머니
④ 미용사

- diary   일기
- get a haircut   머리카락을 자르다 (get-got-gotten)
- actually   사실은, 실제로
- get my hair cut   나의 머리카락을 자르게 시키다
- make A + 동사원형   ~에게 …하게 만들다 (make-made-made)
- cry   울다 (cry-cried-cried)
- when   ~ 할 때
- hair stylist   미용사
- cut   자르다 (cut-cut-cut)
- after   ~ 후에
- look into the mirror   거울을 보다
- get   ~되다
- much shorter   훨씬 짧은
- honestly   솔직히, 진짜로
- change   변화; 변하다
- sometimes   때때로, 가끔
- enjoyable   즐거운
- feeling   기분, 감정
- glad   기쁜
- angry   화난
- surprised   놀란
- herself   그녀 자신

54~55

> Jasmine은 선샤인 레스토랑에 가는 것을 좋아한다. 그녀는 일요일마다 점심을 먹으러 그 레스토랑에 간다. 그녀는 거기에 있는 모든 음식을 좋아하는데 특히 디저트로 초콜릿 케이크를 즐긴다. 그것은 아주 달콤하고 값은 비싸지 않다. Jasmine은 그 레스토랑의 웨이터들과 요리사들을 좋아하며 그들도 역시 Jasmine을 좋아한다. 그래서 그녀는 거기에 갈 때마다 무료로 샐러드를 먹는다. 매년 그녀는 그 레스토랑에서 생일 파티를 하는데 자기 친구들을 초대해 저녁 식사를 같이 한다.

Jasmine은 선샤인 레스토랑에 얼마나 자주 가나요?
① 하루에 한 번
② 일 주일에 한 번
③ 한 달에 한 번
④ 일 년에 한 번

선샤인 레스토랑에 대해 알 수 있는 것은?
① 일요일에 문을 연다.
② 단지 한 가지 종류의 디저트만 제공한다.
③ 초콜릿 케이크가 아주 유명하다.
④ 10명 이상의 웨이터와 요리사가 있다.

- love –ing   ~ 하는 것을 아주 좋아하다
- sunshine   햇빛, 햇살
- especially   특히
- expensive   비싼
- free   무료의
- every time   ~할 때마다
- every year   매년
- how often   얼마나 자주
- once   한 번
- be known about ~   ~에 대해 알려지다
- kind   종류
- its   그것의
- famous   유명한
- more than ~   ~보다 많은, ~ 이상의

Writing Part

> A: 너는 어떤 종류의 애완동물을 갖고 있니?
> B: 나는 원숭이 한 마리가 있어.

- what kind of ~   어떤 종류의 ~
- pet   애완동물

> A: Sheila야, 너 어디에 있니?
> B: 제 방에서 머리를 빗고 있는 중이에요.

- be –ing   ~을 하고 있는 중이다

> Ashley의 마당 세일
> 탁상시계 (10달러)
> 램프 (7달러)
> 야구 모자 (5달러)
> 가방 (5달러)
> 바비 인형 (3달러)

Ashley는 자기 집 앞 마당에서 마당 세일을 하고 있다. 지금 다섯 개의 물품이 있다. 가장 비싼 품목은 3. 탁상시계이다. 두 번째로 비싼 것은 램프이다. 모자는 가방만큼 비싸다. 마지막으로, 인형은 다른 네 개의 품목보다 4. 더 싸다.

- yard sale   마당세일 (자기 집 앞마당에서 중고품을 판매하는 것)
- front yard   앞마당, 앞뜰
- item   품목, 물품
- the most expensive   가장 비싼
- the second most expensive   두 번째로 비싼
- lamp   램프
- as ~ as ...   ...만큼 ~한
- lastly   마지막으로
- cheaper than ~   ~보다 싼
- other   다른
- cheapest   가장 비싼
- cheap   비싼

> A: 너는 무엇이 가장 하고 싶니?
> B: 나는 말을 타는 것을 가장 하고 싶어.

- best   가장
- lamb   새끼 양, 어린 양
- ride a horse   말을 타다
- fox   여우